인공지능과 지식의 소유

인공지능총서

인공지능 시대입니다. 기계가 인간의 인지를 대신하고, 사물이 인간을 통하지 않고 다른 사물과 직접 커뮤니케이션합니다. 이에 따른 인간 삶과 문명 변화를 정확히 이해 · 예측 · 대응하는 것은 이 시대 우리 모두의 과제입니다. 인공지능총서는 인공지능 기술과 환경의 여러 주제를 10가지 키워드로 정리합니다. 관련 개념과 이론, 학계와 산업계의 쟁점, 우리 일상의 변화를 다룹니다. 인간과 기술의 현재, 미래를 세심히 분석합니다.

일러두기

- 인명, 작품명, 저서명, 개념어 등은 한글과 함께 괄호 안에 해당 국가의 원어를 병기했습니다.
- 외래어 표기는 현행 어문규정의 외래어표기법을 따랐습니다. 다만 '딥러닝', '딥마인드', '딥페이크' 등은 관행을 따랐습니다.

인공지능과 지식의 소유

김시열

대한민국, 서울, 커뮤니케이션북스, 2024

인공지능과 지식의 소유

지은이 김시열
펴낸이 박영률

초판 1쇄 펴낸날 2024년 11월 27일

커뮤니케이션북스(주)
출판 등록 2007년 8월 17일 제313-2007-000166호
02880 서울시 성북구 성북로 5-11
전화(02) 7474 001, 팩스(02) 736 5047
commbooks@commbooks.com
www.commbooks.com

ISBN 979-11-7307-293-2 03500

책값은 뒤표지에 표시되어 있습니다.

차례

인공지능과 창작의 보상

창작자로서 인공지능의 등장

2018년 인공지능이 그린 그림인 〈에드몽 드 벨라미(Edmond de Belamy)〉가 미국 뉴욕의 크리스티 경매에서 43만2500달러(약 4억9400만 원)에 매각되었다. 이 그림을 그린 인공지능은 '적대적 생성 신경망(GAN, Generative Adversarial Network)' 기술을 사용하여 오비어스(Obvious)에 의해 개발된 것이고, 초상화를 그리기 위해 14세기부터 20세기까지의 1만5천 개의 초상화를 학습하였다. 이 작품은 다소 흐릿한 얼굴과 불완전한 형태로, 18세기 귀족의 초상화를 연상하게 하는데, 특징으로는 작품을 그린 작가의 서명 대신 캔버스 하단에 인공지능이 생성한 수학 공식이 대신 표시되어 있다. 이 그림은 크리스티 경매와 같은 주요 경매시장에서 거래된 인공지능이 생성한 최초의 예술 작품이다. 당시 예상된 거래 가액은 1만 달러 정도였는데, 실제는 이를 훨씬 초과하는 고액으로 낙찰되어 인공지능이 생성한 예술 작품의 가치가 당시 이슈가 되기도 하였다.

음악 분야에서는 2019년 아이바 테크놀로지(Aiva Technologies)이 클래식 음악 앨범인 '제네시스(Genesis)'를 발매한 사례가 있다. 아이바 테크놀로지는 2016년 딥러닝 기술을 통한 인공지능 작곡 모델을 개발하여, 다수의 상업용 음악을 작곡하는 등의 활동을 하고 있었다. 클래식 음악 앨범 '제네시스'의 작곡은 인공지능에 의해 기존 클래식 음악의 패턴과 구조를 학습하도록 하고, 학습된 모델을 바탕으로 새로운 멜로디와 화성을 생성해 내는 방식으로 이루어졌다. 이렇게 생성된 음악을 미디(MIDI) 파일로 출력하고 필요한 경우 인간인 편곡자 등의 조정을 거쳐 완성하는 방식으로 이루어졌다. 아이바 테크놀로지는 인공지능 작곡 모델을 2016년 인공지능 생성물로는 세계 최초로 프랑스 음악저작권협회(SACEM)에 등록하여 이슈가 되기도 하였다. 음악 분야에서 작곡을 하는 데 활용되는 인공지능 모델은 다양하며, 언급한 아이바 테크놀로지를 비롯하여 사운드풀(Soundful), 스코어 툴(Score Tool) 등이 대표적이다.

한편 전적으로 인공지능에 의한 것인지에 대해 다소 논란이 있긴 하지만 인공지능이 작성한 최초의 소설이라고 알려진 것으로 2018년 200페이지가량의 분량으로 작성된 『원 더 로드(1 the Road)』가 있다. 이것은 순환

신경망(RNN) 기반의 언어 모델을 이용한 것으로, 인공지능은 기존의 다양한 문학 작품이나 기행문, GPS 데이터 등을 학습하고 이를 시행한 로스 굿윈(Ross Goodwin)과의 협업으로 소설을 생성하였다. 이 소설의 창작 과정을 보면, 굿윈은 인공지능 시스템과 GPS 및 카메라 등을 차에 설치하고 미국 뉴욕에서 뉴올리언스까지 4일간 여행을 하면서 데이터를 수집하였다. 이때 인공지능의 창작은 실시간으로 수집된 데이터를 바탕으로 텍스트를 생성하고, 생성된 텍스트를 출력함으로써 완성하는 방식으로 이루어졌다. 이 작품은 여행기와 소설이 혼합된 형태이고, 풍경 묘사나 단편적인 대화 등의 내용이 혼재되어 있다.

예술의 영역에서 인공지능이 생성한 생성물을 '예술'로 볼 수 있는가에 대해서는 논란이 분분하다. 예술의 정의를 어떻게 이해하느냐에 따라 다를 수밖에 없는 것인데, 그럼에도 인공지능이 생성한 '작품'이 상당한 경제적 가치를 갖는다는 점은 모두가 동의한다. 〈에드몽 드 벨라미〉 사례에서와 같이 인간이 창작한 예술 작품에 대한 가치를 넘어서는 가치를 보이기도 한다. 인공지능의 창작은 예술 분야에만 한정되지는 않는다.

기술 분야에서도 인공지능의 활약이 활발하다. 2019

년 IBM 리서치(Research)와 싱가포르 과학기술연구청(A*STAR)은 새로운 항생제 후보 물질을 만들기 위해 IBM이 개발한 인공지능인 왓슨(Watson)을 사용한다. 왓슨은 수백만 건의 특허, 과학 분야의 논문, 유전체 데이터 등을 학습하고, 이를 바탕으로 항생제 관련한 정보를 추출한 후 기존 항생제의 특성과 새로운 화합물의 특성을 비교 · 분석하였다. 이를 통해 특정된 항생제 후보 물질의 효과와 안전성을 예측하고, 이 후보 물질에 대한 실제 테스트를 실험실에서 진행하는 방식으로 개발이 진행되었다. 이를 통해 두 가지의 새로운 항생제 후보 물질을 발견할 수 있었고, 이 방식은 기존의 연구 방법에 비하여 훨씬 빠르고 효율적인 신약 개발 프로세스를 제시한 것으로 평가된다.

발명을 특허출원 하는 과정에서 인공지능을 발명자로 기재하여 많은 논란을 가져온 사례도 있다. 미국의 스티븐 살러(Stephen Thaler)는 2018년 자신이 개발한 인공지능 모델인 다부스(DABUS)에 의하여 두 가지 발명이 이루어졌음을 주장한다. 프랙탈 기하학을 이용한 설계로 만들어진 식품 용기, 그리고 신경 신호를 기반으로 한 비상등에 관한 발명인데, 이 두 발명에 대한 특허출원을 하면서 인공지능인 다부스를 발명자로 명시하였다. 미국을 비롯하여 영국, 호주, 그리고 우리나라 등 많은 국가에 출원을 진행하였던 사례다. 살러의 시도는 사실상 전 세계에서 인정받지 못하였지만, 인공지능이 발명자가 될 수 있는가에 대한 의문을 전 세계가 고민하게 하는 계기를 제공하였다.

인공지능의 일상적 활용 시대

우리는 인공지능을 매우 가까이 두고 활용하고 있다. 일하는 공간의 데스크톱, 들고 다니는 스마트폰, 혹은 인공지능이 내재되어 있다고 하는 여러 전자기기까지 아마 우리가 인식하는 것보다 훨씬 많은 인공지능이 우리와 함께하고 있을 것이다. 인공지능이라는 용어를 이렇게 쉽게 이야기할 수 있는 시대가 되었지만, 사실 이와 같은 모습은 불과 몇 년 전부터 나타난 현상이다. 멀리는 IBM의 딥블루와 가리 카스파로프(Garry Kasparov)의 체스 대결부터 가까이로는 알파고와 이세돌 9단의 대국 사건 등을 통하여 인공지능이 우리 현실에서 인식되기 시작하였다.

인공지능이라는 용어가 1956년 등장한 이후, 1997년 IBM의 딥블루가 세계 체스 챔피언이었던 가리 카스파로프와 벌인 대결에서 2승 1패 3무로 승리한다. 이후 인공지능 연구 개발의 방향이 자연어 처리 분야로 전환되어 2011년 IBM의 왓슨이 퀴즈쇼에서 74연승 기록 보유자인 브래드 러터(Brad Rutter), 최다 연승 기록 보유자인 켄 제닝스(Ken Jennings)와 벌인 대결에서 압도적인 우승을 차지한다. 이를 계기로 당시 산업적 측면에서는 인공지능의 활용 가능성이 주목을 받기도 하였으나, 이때만 하더라도 대중에게는 인공지능에 대한 관심이 증가한 정도를 벗어나지는 못하였다. 그런데 우리 인류가 커다란 충격에 빠지는 일이 2016년 알파고와 이세돌 9단의 대국을 통해 발생한다. 이미 체스라는 게임이 인공지능에 의해 공략되었으나 바둑은 그 경우의 수가 우주에 있는 원자의 수보다도 많다고 하여 인공지능이 인간을 이기기는 어려울 것이라는 견해가 지배적이었으나, 이 대결로 인하여 더 이상 인간이 우위에 있을 영역이 없다는 인식을 대중이 갖게 되었기 때문이다. 특히 대결의 질에서도 알파고가 한 번을 제외하고 모두 이겼고 그 과정 역시 인간을 압도하는 모습을 시종일관 보여 주었다. 특히 대국 과정에서 나타난 알파고의 몇몇 창의적인 수는 당시 프로기사들도 생각하지 못했던 것들이어서 인공지능이 더 이상 인간에 비하여 직관적이고 창의적인 영역에서 부족하지 않다는 놀라움을 주기도 했다. 이 사례를 계기로 우리 사회는 인공지능이 만들어 내는 생성물의 수준이 더 이상 인간의 것에 비해 부족하지 않고 오히려 더 높은 수준인 경우가 있음을 인식하게 된다.

최근에는 생성형 인공지능의 출현으로 또 한 번의 환경 변화를 겪는다. 생성형 인공지능은 사전에 학습된 방대한 데이터를 기반으로 다양한 주제 및 형식의 텍스트를 생성할 수 있어 기존의 인공지능 모델에 비해 대중성과 접근성 면에서 혁신적인 변화를 이끌어 내었다. 생성형 인공지능이 지금의 모습으로 등장하기 이전까지 인공지능은 전문 기술을 가진 전문가의 영역에서 구현되어 정해진 범위에서 활용되는 형태로 사용되었으나, 생성형 인공지능의 등장으로 인공지능의 활용이 대중에 의하여 이루어지게 되며, 그 활용 양태 역시 매우 다양하게 나타나게 된다. 2022년 11월 오픈AI(OpenAI)사의 챗지피티(ChatGPT)가 공개된 이후 이러한 모습은 급격히 확산되는데, 불과 2년여가 지난 지금은 챗지피티, 클로드(Claude) 등 생성형 인공지능 서비스를 구독하고 이를 다양한 업무에 활용하는 모습이 전혀 낯설지 않게 되었다. 생성형 인공지능이 갖는 창의성과 유연성, 그리고 확장성의 특성은 이를 활용하여 생성한 결과물의 다양성을 가져왔고, 특히 인간에 의하여 생성되어 오던 일상에서의 결과물들과 인공지능에 의하여 생성된 결과물들이 뒤섞이게 만들었다. 결과물 면에서 인간이 만든 것과 인공지능이 만든 것이 직관적으로 구별되기 어려운 상태가 된 것이다. 생성형 인공지능의 등장은 인공지능에 관한 전통적인 논점들을 확장해 인공지능 윤리, 편향성, 데이터 프라이버시, 일자리 변화 등의 논의를 촉발하기도 한다.

지식재산권 관점에서의 인공지능 소유 문제

인공지능에 관한 법적 문제, 특히 지식재산권에 대한 문제가 본격적으로 우리 대중에 의해 논의되기 시작한 것은 2016년 알파고가 등장한 무렵이다. 이 문제는 인공지능 시스템(알고리즘) 자체의 소유 문제, 인공지능이 생성한 결과물의 소유 문제, 인공지능 학습 데이터에 대한 소유 문제, 법적인 책임 문제, 윤리적 문제로 구분된다.

첫 번째, 인공지능 시스템(알고리즘) 자체의 소유 문제는 기존의 법률로 어느 정도 해결이 가능하다는 점에서 크게 의미를 갖지 않는다. 두 번째, 인공지능이 생성한 결과물의 소유 문제는 유체물인 결과물 자체의 소유와 무체물인 결과물의 지식재산권에 대한 소유 문제로 구분되는데, 현실적으로 후자의 문제가 주로 논의되고 있다. 이는 인공지능이 생성한 결과가 일단 유체물인 경우가 드물고 대부분 무체물의 형태, 즉 지식재산으로 지칭하는 유형의 형태로 도출되고 있기 때문이라 생각한다. 세 번째, 학습 데이터에 대한 소유 문제는 학습 데이터 자체 혹은 여기에서 파생된 데이터의 소유 문제를 다루거나 학습 데이터에 포함된 지식재산권이 존재하는 객체의 문제를 주로 다룬다. 다만 이들 문제의 경우 우리가 논의하고자 하는 인공지능의 소유 문제라고 보기 어렵다. 네 번째, 법적 책임 문제는 불법 행위에 대해 인공지능 등이 부담해야 하는 책임의 소재, 그리고 그 인공지능의 행위에 관계된 자의 책임 정도 등에 대한 문제이며, 마지막은 윤리적 문제로서, 최근 논의되는 인공지능 윤리, 혹은 로봇 윤리 등이 대표적인 논의 사항이다.

이와 같은 인공지능 소유의 문제 가운데 가장 핵심적이고 중요한 것은 인공지능이 생성한 결과에 대한 귀속 문제다. 당연히 무체물의 생성, 즉 지적 생성물에 대한 소유 문제를 의미한다. 인공지능에 관한 여러 법적, 특히 지식재산권적인 문제 해결을 위한 시작점이기 때문이다. 그런데 우리 지식재산권법 체계는 인간이 아닌 존재가 생성한 것은 권리의 대상이 될 수 없다고 명시한다. 인공지능이 이에 해당하는데, 인공지능은 인간이 아니므로 현재의 특허법, 저작권법 등의 지식재산권 규범에 의하여 그에 의한 소유가 법적으로 보호되지 않는 것이다. 이는 그간 종종 재판 등을 통해 문제 제기가 되어 왔던 인공지능의 창작자 인정 시도를 비롯하여 동물과 같은 자연물을 권리의 주체 혹은 소송의 당사자 등으로 인정할 수 있는지에 대한 시도가 있었음에도 일관되게 유지되어 온 태도다. 이렇게 현행법상 명확한 규정과 적용상의 일관된 태도가 전 세계적으로 나타나고 있음에도 지식재산권 측면에서의 인공지능 소유 문제는 왜 계속 논의되는 중요한 문제로 남아 있는 것인가.

왜 인공지능의 소유를 논의하는가

과거 인공지능 기술은 인류의 편리함을 상징하는 요소로서 의미를 가질 뿐 그 외의 다른 문제를 갖지 않았다. 전자제품의 성능과 가치를 높여 주는 요소로 많이 활용되었다. 그러다가 딥러닝 기반의 인공지능 기술이 활용되기 시작하면서 그러한 기능적 효용 이외에도 '법적인' 문제가 논의되기 시작한다. 왜 그럴까? 여기에는 인공지능 기술의 몇 가지 변화에 원인이 있다.

먼저 인공지능이 작동하는 방식이 '인간의 사고'와 유사하게 이루어진다는 것이다. 딥러닝 기술이 활용되기 시작하면서 인공지능은 신경망을 통한 출력을 한다. 신경망을 깊게 쌓았다고 하여 딥러닝이라고 표현하는 것인데, 이를 통해 높은 학습의 효용을 구현할 수 있고, 복잡한 입력과 출력 관계를 모델링하여 비선형적인 문제를 해결할 수 있을 뿐 아니라 추상화된 특성도 파악이 가능하게 된다. 인공지능은 신경망 구조를 통해 결과물을 도출하는 방식으로 인간의 뇌를 모방하여 활용하고 있지만, 기술적으로는 인공 신경망이 인간 뇌의 일부 특성을 모방하는 것일 뿐 인간의 사고 과정의 복잡성과 유연성을 완전히 재현할 수 있는 것은 아니다. 그럼에도 대중은 인공지능의 '사고'가 인간의 '사고'와 동질성을 갖고 있는 것과 같이 느끼기도 한다. 기술의 발전 방향 역시 이러한 방향에서 이루어지고 있기도 하다. 다음은 인공지능이 지금까지 인간의 영역으로 믿어지고 있던 창의적 분야에 대한 생성물을 만들어 내기 시작했다는 점이다. 〈에드몽 드 벨라미〉, '아이바 테크놀로지' 등과 같이 인공지능이 예술 분야에서 어떤 면에서는 인간을 압도하는 모습을 보이기도 하고, '왓슨'의 사례와 같이 인간의 기능적 역량을 넘어선 창작이 인공지능에 의해 용이하게 이루어지는 모습도 나타난 것이다. 물론, 이러한 생성이 인간들이 하는 '창작'과 동일한 것은 분명히 아니다. 기술적인 측면에서 보면 임의성에 기반한 값들이지만 최적의 결괏값을 찾아가는 기술의 발전으로 대중의 시점에서는 '창작'과 같이 느낄 수 있게 된 것이다. 마지막으로는 이렇게 인공지능에 의하여 생성된 결과물이 높은 경제적 가치를 갖기 시작하였다는 점이다. 과거 인공지능이 단순히 기술적 요소로만 다루어질 때에 인공지능의 가치는 그 제품의 가치에 녹아 있었다. 그런데 인공지능이 창작적 결과물을 만들어 낼 때는 여러 사례에서 본 것과 같이 단순히 기능에 따른 제품 가격이 아닌 무형의 가치가 반영된 가격으로 평가되기 시작한다.

이 가운데 별도의 경제적 가치 창출이라는 변화 요인이 가장 핵심이다. 인공지능이 생성한 창작물이 그 자체로 상당한 경제적 가치를 지니게 되면서, 이 가치에 대한 이해관계자 간의 수익 분배 문제가 즉시 대두된다. 그런데 인공지능이 생성한 결과물, 특히 무형의 지식재산에 해당하는 결과물에 대해서 앞서 본 것과 같이 인공지능 역시 외관상으로는 일련의 창작을 수행하였다는 점에서 이를 단순히 도구로만 보고 어떠한 재산적 권리를 인정하지 않을 때 그에 해당하는 가치, 즉 지식재산권에 해당하는 경제적 가치는 어느 누구의 것에도 속하지 않는 문제가 발생하게 된다. 즉, 새롭게 형성된 경제적 가치가 적극적으로 활용되지 못하고 공유(共有)의 대상이 되어 버리는 것이다. 그렇다 보니 대중은 높은 기술을 갖춘 인공지능을 개발하는 데 투여한 노력과 비용이 보상받지 못하는 문제가 발생한 것으로 본다. 물론 이 부분은 견해의 대립이 있는데, 인공지능 개발에 대한 보상이 인공지능을 통해 생성한 결과물에 대한 지식재산권의 소유 등인지, 아니면 그 외의 서비스를 통한 매출 등을 의미하는지와 같이 견해가 구분된다. 최근 논의에서는 전자에 대해서 인공지능을 개발한 사람에 대한 제3의 인센티브가 부여되어야 하는 것이라는 주장이 제기되기도 한다. 이처럼 인공지능이 창출한 새로운 가치, 특히 그 가운데 지식재산권에 해당하는 경제적 가치를 통해 기술 혁신을 지속할 수 있다고 보기도 한 것이다.

한편 지식재산권에 대한 소유 논의에 앞서 개념의 정리가 필요하다. 민법상 소유는 물건을 실제로 점유하고 있는 상태를 말한다. 사실상의 상태를 의미하는 것이므로 법적인 권리와는 반드시 일치하는 것은 아닐 수 있다. 이 소유에 대한 법적 권리를 소유권이라고 한다. 이는 물건에 대한 사용, 수익, 처분할 수 있는 법적 권리다. 소유권을 가지고 있는 자가 물건을 실제로 점유하고 있지 않더라도 권리는 존재할 수 있다. 민법 제211조에서는 소유권을 '법률의 범위 내에서 그 소유물을 사용, 수익, 처분할 수 있는 권리'라고 정의한다. 즉 그 물건에 대한 전면적이고 포괄적인 지배권을 의미한다. 사실 민법에서 정하고 있는 소유권이라는 권리는 물권 법정주의(민법 제185조)로 인하여 원칙적으로 유체물에만 적용할 수 있다. 따라서 무체물을 대상으로 하는 지식재산권의 성격을 소유권으로 볼 수 있는지에 대해서는 논란이 있었다. 전통적 해석에 따르면 소유권은 유체물에만 적용되므로 무체물을 대상으로 하는 지식재산권은 당연히 소유권에 해당하지 않는다고 본다. 그런데 지식재산권 역시 재산권의 하나로서 타인의 사용을 배제할 수 있는 배타성을 갖는다는 점에서 물권적 성격을 지니고 있다고 보는 견해가 많다. 이러한 시각에서 볼 때 지식재산권은 민법에는 명시되어 있지 않지만 개별 법률(특허법, 저작권법 등)에 의하여 창설되는 권리로, 소위 '준물권'으로서의 성격을 지닌다고 본다. 이에 현대 해석으로는 소유권이라는 용어를 직접 사용하는 것은 부적절하더라도 적어도 '지식재산권의 소유'와 같은 용례는 사용 가능하다고 본다. 이에 본 글에서는 지식재산권을 논의의 대상으로 전제하고 있으므로, 지식재산권을 직접 소유권으로 표현하지 않고, 지식재산권의 소유와 같은 용어를 사용하도록 한다.

논의의 현실 및 문제 해결을 위한 접근

이와 같은 문제의 중요성에도 불구하고 그간의 논의에는 균형이 부족한 것이 사실이었다. 인공지능이 생성한 결과물에 대해 지식재산권적 보호가 필요하다는 공감대는 넓게 형성되었으나, 그에 비하여 우리가 왜 기존의 지식재산권 체계와 달리 인공지능이 생성한 결과물에 지식재산권을 인정하도록 해야 하는지에 대해서는 논의가 잘 발견되지 않는다. 그러다 보니 이에 대한 논의가 제도적 기술 중심으로 이루어진 면이 있었고, 왜라는 질문에 대한 답변을 찾는 시도는 다소 부족했다. 한편, 생성형 인공지능의 등장은 이러한 논의를 더욱 가속화하는 계기가 되었다. 인공지능에 의한 생성물이 인간의 영역에서 다양해지고, 동시에 권리 귀속에 대한 논의가 인간과의 공동생성물에 대한 권리 문제로까지 확장되었기 때문이다.

이 문제에 대해서는 중요한 전제가 있다. 어떠한 방향의 결론이 도출되든지 그것은 우리 사회와 산업에 발전적인 영향을 가져오도록 해야 한다는 것이다. 인공지능이 생성한 결과물에 지식재산권 혹은 그와 유사한 형태의 어떠한 권리를 부여하게 된다면(물론 그 권리를 누가 행사하는지는 별도의 논의다) 그것은 창작의 보상으로서 성격을 갖는다. 보상을 통한 또 다른 유의미한 창작의 선순환이 될 수 있도록 하고 그것으로 산업적 발전에 이바지하도록 한다는 지식재산권 체계의 존재 목적 역시 고려되어야 한다. 물론 이러한 전제 역시 변경될 수 있다. 만일 이 전제를 변경하여야 한다면 이를 위한 치열한 논의가 이루어져야 함은 물론이다. 이처럼 인공지능이 생성한 결과물에 대한 지식재산권 귀속 문제의 논의는 인공지능에 따른 여러 법적 문제, 특히 지식재산권 측면에서 문제 논의의 출발점이자 단순히 법률의 개정으로 해결하기 어려운, 우리 사회의 법체계에 근본적 변화를 가져올 수 있기 때문에 장기적이고 치열한 논의가 이루어져야 하는 대상인 것이다.

인공지능을 대상으로 한 논의는 그리 오래되지 않았지만, 우리는 이와 유사한 논의들을 이미 오랫동안 다루어 오고 있었다. 주로 자연물에 대한 권리 문제가 그것이다. 그리고 데이터와 같이 새롭게 등장하는 다양한 유형의 대상물에 대해 이들을 지식재산권 체계에 어떻게 포섭할 것인지 많은 고민과 논의가 이루어지고 있기도 하다. 데이터, 컴퓨터프로그램, 종자 등 기존에는 유의미하게 다루어지지 않던 대상들이 해당 분야의 발전과 더불어 관련 시장의 확장으로 지식재산권 측면에서도 의미를 갖게 된 것이다. 이러한 경험들은 우리에게 주어진 인공지능의 지적 소유, 특히 지식재산권 귀속의 문제를 해결하는 데 유용한 논의의 재료가 될 것이다. 이에 지금까지 논의의 경험을 이해하는 것은 우리 앞에 놓인 문제를 해결하기 위한 출발점이 된다.

이 책을 통해 인공지능의 지식재산권 소유에 대한 문제를 함께 고민하고자 한다. 이를 위해 열 가지의 주제를 선별하여 살펴보려고 한다. 전체적인 흐름으로는 우리 인류가 가지고 있는 소유에 대한 근거와 그에 따른 무형의 권리를 확인한다. 유의미한 논의를 위해 스스로 무언가를 창작해 낼 수 있는 인공지능의 기술 수준을 전제로 해야 하며, 이를 바탕으로 지식재산권 분야에서 인공지능 소유 문제의 중요한 두 축인 특허법상의 발명자 인정 논란과 인공지능이 생성한 창작물 논란에 대해 살펴본다. 그런데 인공지능의 소유 논의에 앞서 자연물을 대상으로 유사한 논의가 이루어졌다. 따라서 인공지능의 문제를 해결하는 데 자연물에 대한 논의를 살펴보는 것은 좋은 참고가 될 수 있을 것으로 보았다. 이후 본격적인 문제의 해결을 위해 여러 방안에 대한 논의들을 살펴보았다. 대표적인 방안으로 제시되고 있는 법적인 인격을 인공지능에까지 확장하여 적용하는 것을 비롯하여, '수이 제너리스(Sui Generis)' 혹은 전자 인간과 같은 여러 대안적 논의들을 살펴봄으로써 우리가 생각해 볼 수 있는 방안들을 고민해 보고자 하였다. 다만 이러한 논의에 존재하는 한계를 고려하여야 함을 이해하고, 현실적이고 보다 근원적 해결을 도모하기 위한 제언을 공유하고자 한다. 독자들은 이를 통하여 우리가 앞으로 어떠한 고민을 해야 할 것인지 정확히 이해하고 본질적인 문제 해결을 위한 방안을 생각해 볼 수 있을 것이다. 물론 이 책에서 명확한 답을 제시하는 것은 아니다. 하지만 단편적인 답변을 독자에게 전달하기보다 이 문제에 대해 우리가 함께 고민하고 담론을 이루어 갈 수 있도록 하는 데 의미가 있다고 본다.

01
소유의 근거

지금의 소유권 제도는 근대 재산권 개념에서 기인한다. 특히 이러한 개념 정립에 핵심 역할을 한 로크와 칸트, 헤겔의 이론은 지식재산권이라는 재산권 귀속을 논의하는 데 기본적으로 이해해야 할 배경 지식이 된다. 이를 통해 우리가 다루고자 하는 소유권의 의미와 근거를 이해할 수 있게 된다.

로크의 재산권 귀속 개념

근대 재산권 개념을 형성하는 데 큰 영향을 준 대표 인물로는 존 로크(John Locke)를 들 수 있다. 로크는 인간을 '인격과 재산의 합'으로 인식했다. 그가 쓴 『통치론』에서는 "모든 인간은 스스로 적당하다고 생각하는 바에 따라서… 자신의 소유물과 인격을 처분할 수 있는 완전한 자유의 상태에 있다"라는 문장이 있다. 여기서 소유물은 재산으로 이해할 수 있다. 이는 인간의 속성(물건, 자유, 노동, 생명 등)을 물건화하려는 로크의 존재론적 의도를 반영한 것인데, 재산의 개념은 이러한 속성을 지칭하는 보통명사로 이해할 수 있다. 한편 로크는 재산의 개념을 좁은 의미로도 사용한다. "정부에 관한 제2 논문"에서 "그러므로 자연이 공급해 준 대로의 상태에 있는 것으로부터 이끌어 낸 것은 무엇이든 간에 그는 그것에다 그의 노동력을 투하한 것이며, 또한 무엇인가 자기 자신의 것을 첨가한 것이 되는데, 이렇게 함으로써 그것은 그의 재산이 되는 것이다"라고 한 것에서 이를 알 수 있다.

로크는 이 세상의 모든 존재는 신에 의해 인류에게 공유물로서 주어졌다고 전제하는데, 자연의 공유물을 누군가의 재산으로 갖는다는 것은 이를 사유화한다는 것이고, 인간이 자연의 공유물을 사유화하는 이유는 자연

상태에서 자신의 생존을 위한 것이라 본다. 즉 어떤 자연물을 개인의 생명을 유지하는 데 이용하기 위해서는 먼저 그것이 다른 누구도 이에 대한 권리를 갖지 못하는 전유의 상태가 되어야 하며, 이 전유를 위한 수단을 노동으로 보았다. 따라서 인간이 자연 상태의 공유물을 자신의 전유 대상으로 삼기 위해서는 노동이 필요한데, 로크는 이때 노동은 두 가지의 의미가 내포되어 있다고 한다. 첫째, 재산권의 원천으로서의 노동은 육체적 노력 또는 육체적 에너지의 지출이어야 하며, 둘째, 단순히 생리학적 의미의 육체적 노력을 넘어서 인간이 자신의 인간적인 삶의 환경을 창조하는 정신적 활동이어야 한다는 것이다. 이러한 행위를 통해 인간은 자신의 인격 안에 재산을 속하게 할 수 있게 된다고 보았다.

로크는 인간으로부터 속성을 분리하면 결국 남는 것은 추상적인 인격뿐이라고 하며, 이 추상적인 인격은 모든 사람에게 동일하게 존재한다고 한다. 『인간지성론』에서 "인격은 행동과 그에 따른 공과를 소유하는 법률 용어이다"라고 하여 이 추상적 인격을 재산의 보유 주체로 규정한다. 여기서 '그에 따른 공과'는 재산으로 해석되는데, 이에 따라 추상적 인격을 재산의 보유 주체로 규정하는 것으로 해석할 수 있다. 아울러 인격은 한 인간의 고유한 영역에 존재하는 것으로서 그 영역은 배타적으로 그 사람에게만 속하는 것이다. 이때 배타적 영역으로서의 인격은 재산의 보유 주체로서의 인격과 동일한 의미다.

한편 재산을 소유하는 주체로서의 인격을 인간으로 절대화하는 로크 이론의 일반적인 해석과 달리, 이 인격이 반드시 인간을 의미하는 것은 아니라는 반론도 있다. 이러한 입장에 따르면 로크의 인격과 재산에 관한 태도에서 인격은 빈 껍데기 주체에 불과하며, 그 인격은 '법에 의해' 인위적으로 창조되고, 법에 의하여 배타적인 권리와 책임을 부여받는 것이라고도 한다. 즉 이와 같은 허구적인 인격 개념은 법을 통하여 현실적인 힘을 발휘하는 것이므로, 인격과 인간을 동일하게 볼 수는 없다는 입장인 것이다. 특히 인간이라고 하여 모두 인격이 부여되는 것도 아니라는 점 등을 근거로 본다. 예를 들어 근대에는 부인이 보통법상 인격을 인정받지 못하여 법정에서는 반드시 남편이 부인을 대의(represent)하도록 되어 있었다는 점 등을 들 수 있다. 한편 인위적 인격(artificial person)의 개념이 제시되기도 한다.

또 로크는 타인의 노동 등으로 이루어진 산물을 노동을 수행한 타인이 아닌 자신에게 귀속할 수 있는지의 문제를 제시한 바 있다. 이 점에 관하여 "나의 하인이 잔디밭에서 뜯어 온 뗏장(turf), 내가 캐낸 광석 등은 어느 누구의 양도나 동의 없이도 나의 소유물로 된다"라고 하여 하인의 노동이 투하된 자연물이 주인의 재산이 될 수 있는 것처럼 기술하고 있다. 이에는 두 가지 해석이 존재하는데, 첫째 자본주의적 생산 관계의 본질적 요소가 되는 임금노동 관계의 존재를 인정한 것으로 보는 견해, 둘째 하인의 행위가 노동으로서의 실질을 갖지 못하기 때문에 그 결과물이 하인이 아닌 주인에게 귀속되는 것이므로 노동의 매매 가능성을 인정한 것이 아니라는 견해가 그것이다. 통설은 로크가 임금노동 관계를 인정한 것으로 보는 데, 이에 따르면 고용 관계에서 산출된 결과물은 사용자에 귀속되는 것으로 이해할 수 있다. 즉, 누군가를 고용할 수 있는 대상이 타인의 산물을 소유할 주체가 될 수 있다는 것이다.

시민 상태 조건

칸트는 기본적으로 노동을 원인으로 한 소유권 획득을 부정하는 태도를 갖는다. 토지에 비유하자면 경작, 개량 등은 실체인 토지의 우연적 속성에 불과한 것이어서, 단순히 점유 취득의 외적 징표에 해당하는 것으로 보았다.

칸트는 사물을 소유하는 데 정당성을 확보하기 위해서는 감각적 점유와 예지적 점유가 종합될 수 있어야 한다고 하였다. 칸트는 법적인 의미에서 '나의 것'을 나와 사물의 결합 관계를 의미하는 것으로 보고, 타인이 그 사물을 나의 동의 없이 사용하는 경우 그로 인해 내가 피해를 입게 되는 결합 관계를 의미하는 것으로 정의하였다. 즉 점유가 주관적 조건이 되는데, 이때 예지적 점유란 보유(detentio) 없는 점유를 의미한다. 예지적 점유의 인정은 단순히 어떤 것을 일시적으로 점유한다고 하여 그것이 나의 것이 되어 버린다면, 그 경우 사실 모든 것이 모두의 것이 될 수 있는 상태에 빠져들게 되어 결국 아무도 소유하지 못하는 상태에 직면하게 될 것이라는 점에서 기인한다. 이에 칸트는 감각적 점유와 예지적 점유의 균형을 중요시한다. 예지적 점유는 어떠한 사물이 나의 외부에 존재함이 전제될 때 가능하게 된다. 외적인 나의 것은 외부 사물의 임의적 사용을 방해하는 것이 곧 나에 대한 침해가 되는 경우를 의미한다. 이를 달리 말하면 나의 강제력 안에 있는 것(in potestate mea postium esse)으로 설명할 수 있다. 이때 나의 외부에 있는 것은 두 가지 개념으로 표현될 수 있는데, 이는 현재 내가 있는 곳이 아닌 다른 장소에 현존한다는 개념과 나와 구분되는 대상이라는 개념이다.

이처럼 칸트는 재산 소유의 근거를 사람과 사물의 결합 관계에서 찾으며, 외적 사물인 재산을 소유하기 위해서는 공적·입법적 강제력 아래에 있는 법적 상태, 즉 시민 상태에서만 가능하다고 한다. 점유 자체는 사실상 단순한 의지와 물리력에 의존하는 것이기는 하지만, 그로부터 성립된 상태는 물리적 갈등의 상태라기보다는 잠정적으로 상호 승인된 상태에 가까운 것으로 보았다. 이에 칸트는 공간상에 있는 물체를 보유하기 위해서는 취득이라는 행위가 이루어져야 하는데, 특히 예지적 취득을 통하여 외적 상태에서 물체를 나의 강제력 안으로 가져오고, 그리고 그것이 나의 것이라는 의욕이 투영됨으로써 보유가 정당화된다고 한다. 이때 취득의 이성 근거는 오직 필연적으로 통합된 만인의 의지, 즉 시민 상태에서만 가능하다고 한다. 이로써 물건과 이를 보유할 대상은 직접적인 관계를 맺는 것이 아니며, 시민 상태로 구성된 구성원에 의하여 해당 물건을 사용할 권한을 허락받은 것이라 한다. 즉, 모든 점유자에게 대항하는 물권이란 오직 특수한 자의 사용 권한을 의미할 뿐이라는 것이다. 이러한 칸트의 태도는 소유자의 권리가 소유자와 재산 간의 직접적 관계로 설정되는 로마법의 물권 개념과 연결해 인격과 재산이라는 형태로 복원된 로크의 이론 체계와는 상이하다. 즉 물건과 인격 간의 직접적인 관계에 기한 '속함'을 주장하는 로크와 달리, 칸트는 물건을 자신에게 속하게 하기 위해서는 물건에 대한 직접적인 권원이 아니라 공동체를 구성하는 시민들의 합의에 의해 해당 물건을 이용할 수 있는 상대적 권한을 얻어야 한다고 한 것이다.

인격체에 의한 점유

헤겔은 인격을 "자유로운 의지의 보편성은 형식적이고 자기의식적인 보편성이다. 그것은 게다가 그 개별성 속에서 내용 없는 단순한 자기에 대한 관계다. 그런 한에서 주체는 인격이다"라고 정의한다. 이때 인격의 개념은 모든 특수성을 제외한 추상적이고 보편적인 상태를 의미한다. 헤겔은 이러한 인격에 대한 자유와의 연관성 속에서 소유의 정당성을 찾는다. 이처럼 소유는 인격과 물건 사이의 관계로 한정되며, 인격성만이 물건에 대한 권리 내지 법을 부여하며, 인격의 권리는 본질적으로 물권이라 한다. 결국 자기의 자유를 의식하고 있는 개인적 주체인 인격이어야 재산권과 같은 여러 가지 권리를 보유하고 사용할 수 있다고 한 것이다. 인격이 그 보유의 대상인 물(物)에다가 자기의 의지를 구현함으로써 소유를 가능하게 한다. 정리하면, 헤겔은 인격체가 물건을 점유함으로써 그 물건을 가질 수 있다고 하며, 이때 물건을 가질 수 있는 권리는 자유롭고 추상적인 존재로서 자기에 관한 자의식의 상태에서 개시된 인격성으로부터 유래되는 그 사물에 대한 권리로 이해된다는 것이다. 이때 인격성은 법적 행위능력을 포함하는 의미다.

이러한 맥락에서 헤겔은 물건은 바로 그것이 물질적일 뿐이며, 정신적인 것이 아니기 때문에 그 자체로서는 어떠한 권리도 가질 수 없다고 명시한다. 물건은 인격체의 이성적 의지를 외부에 표현하는 도구이며, 물건은 인격에 의하여 점유되고 사용됨으로써 그의 비인격적 본성이 현실로 드러남과 함께 그 구실을 다하게 된다고 한다.

소유의 재정의

모든 소유 이론을 살펴본 것은 아니지만, 로크와 칸트, 헤겔의 이론을 통해 우리 법체계에서 기본적으로 소유의 주체는 인간임을 당연한 전제로 삼고 있음을 알 수 있다. 당시는 지금 시대와 같이 인공지능이라는 존재가 인간의 고유 영역이었던 창작을 하는 모습을 전혀 상상할 수 없었을 것이기 때문이다. 더군다나 당시 신에 의한 특별한 선택을 받은 존재인 인간과 동일한 지위의 무엇인가가 존재한다는 것 역시 상상할 수 없는 것이 아니었나 하는 생각을 할 수 있다. 물론 이들의 논의가 현대의 소유 이론과 동일한 것이라 할 수는 없지만 이들의 논의가 현대 소유 체계의 기반이 되고 있다는 점은 부정할 수 없는 사실이기도 하다.

그런데 최근에는 고전적인 권리의 주체 · 객체의 이원론을 거부함으로써 자연을 객체로 삼는 인간의 사유재산권을 강력하게 제한하거나 부정하는 논리가 제기되고 있기도 하다. 이것을 지구법학의 권리 이론이라 지칭하는데, 이들의 논리에 따르면 모든 존재의 권리를 인정하므로 인간 법체계의 근본적인 이분법에 해당하는 행위 · 권리 주체로서의 인격과 행위 · 권리객체로서의 사물이라는 구분이 의미를 잃게 된다. 이로써 지구 공동체를 구성하는 모든 요소가 권리의 주체가 될 수 있다는 개념이다.

전통적인 태도에서는 인간이 아닌 다른 존재는 권리의 주체가 될 수 없고, 이에 당연히 소유의 주체가 될 수도 없게 되는 것으로 본다. 다만 최근 자연의 법적 지위 변화에 대한 다양한 논의와 현실에서 법 · 정책의 시행이 이루어지고 있는 상황에 있기도 하다. 따라서 앞서 지구법학에 대한 논리 소개에서 언급하였듯이 인간만이 주체가 되는 것에서 벗어나 이 세상을 구성하는 모든 요소, 특히 자연 요소가 주체가 될 수 있다는 주장은 앞으로도 어느 정도의 영향을 계속 미칠 것으로 전망된다. 그런데 이러한 흐름에서 인공지능이 영향을 받을 수 있는가에 대해서는 의문이 있다. 주체의 확장이 '존재하는 것'까지 이루어지고 있다고 보더라도 그 '존재하는 것'에 대한 지금까지의 논의에서는 인공지능이 포함되지 않았음이 너무나 명백하기 때문이다.

참고문헌

김남두(1993). 『재산권 사상의 흐름』. 도서출판 천지.

김종철(2016). 로크의 재산과 인격: 로크의 재산 개념에 어떤 존재론적 함의가 있는가?. ≪한국정치학회보≫, 50집 4호.

나종석(2006). 헤겔의 소유이론과 그 몇 가지 문제에 대하여. ≪사회와 철학≫, 제11호.

임마누엘 칸트(2013). 『법이론』. 이학사.

임미원(2003). 칸트와 헤겔의 법철학. ≪법철학연구≫, 제6권.

지구법학회(2023). 『지구법학:자연의 권리선언과 정치참여』. 문학과지성사.

피레드릭 코플스턴(2008). 『18·19세기 독일철학: 피히테에서 니체까지』. 서광사.

한상수(1999). 로크의 재산권론. ≪공법학연구≫, 창간호.

Rapaczynski, A.(1987). *Nature and Politics: Liberalism in the Philosophies of Hobbes, Locke, and Rousseau.* Ithaca and London: Cornell University Press.

Horne, T. A.(1990). *Property Rights and Poverty: Political Argument in Britain, 1605–1834.* Chapel hill and London: University of North Carolina Press.

02
지적 창작물의 권리

지적인 창작물은 지식재산권이라는 권리로 보호받을 수 있다. 다만 모든 지적인 창작물이 보호의 대상이 될 수는 없는데, 지식재산권 체계는 보호할 만한 창작물의 기준을 법적 요건을 통해 제시한다. 각 법률상 요건에 따라 구체적인 권리로 보호될 수 있는바 이러한 개념적 구조에 대해 살펴본다.

유체물 중심에서 무체물까지의 확장

피히테(Johann Gottlieb Fichte)는 개인의 사고 과정을 통하여 형성된 새로운 생각은 그 자체로는 어떠한 것에도 영향을 미치지 않기 때문에 자신의 특정한 형식을 부여해야 하고, 눈에 보이는 것(the material)은 형식으로서 배타적 소유권을 인정하되, 보이지 않는 것(the immaterial)은 아이디어로서 공유의 영역으로 두어야 한다고 주장한다. 저작권을 중심으로 한 논의이기는 하나 기존 유체물 중심의 재산권 개념을 무체물에까지 확장하는 데 핵심적인 역할을 한 것으로 평가되는 인물이다. 이를 바탕으로 무체물의 재산권 논의를 정리하면, 무체물의 재산권화 역시 사상적 흐름의 연장선상에서 논의된 것을 알 수 있다. 무체물의 재산권 문제는 생산재인 유체물의 재산권 발생 구조와 기본적으로 동일하게 나타난다. 기존의 주요 생산재에서 재산권이 발생하는 구조가 대상이 무체물의 경우에는 주요 생산재가 무체물로 치환된다는 점이 차이일 뿐이다. 결국 토지와 같은 생산재에 투입되는 노동이 기술, 창작 등 지적인 생산재에 투입되는 노동으로 치환된 것이다. 이러한 개념 구조하에서 무체물에 속하는 지적인 창작 등에 대한 재산권화에는 상대적으로 정신적 생산의 근원인 인격의 중요성이 유체물의 경우보다 높다고 이해할 수 있다.

보호할 만한 가치

정신적 소산인 무형의 지적 창작물, 즉 지식재산에 부여되는 권리는 어떤 의미를 갖는 것인가. 지식재산권에 대한 여러 정의가 있지만, 이를 정리해 보면 지식재산권이란 인간의 지적 창조물 중 보호할 만한 가치가 있는 것들에 대하여 법이 부여하는 권리라고 할 수 있다. 최근 인공지능 기술의 혁신적 발전으로 시작된 권리 주체의 논란에도 불구하고, 현재의 지식재산권 체계는 인간만을 창작의 주체이자 권리 부여의 대상으로 한정한다. 인간임을 전제로 하기 때문에 동물 등은 권리를 가질 수 없다. 그리고 지적 창조물은 무체물로서 유체물을 대상으로 한 재산적 권리 체계와는 상이한 부분이 있다.

그러면 보호할 만한 가치가 있다는 것은 무엇을 의미하는가. 이것은 크게 두 가지 접근 방향에서 다루어진다. 먼저 공리주의적 접근에서 살펴본다. 이 관점에서는 인간이 만들어 낸 지적 창작물을 권리화하여 법적으로 보호하는 것을 시민과 국가와의 대가(代價) 관계로 인식한다. 시민이 만들어 낸 지적 창작물들이 국가의 사회적 이익을 도출하는 데 기여하기 때문에 국가는 시민들이 계속 이와 같은 지적 창작물을 만들어 내도록 인센티브를 대가로 제공한다는 것이다. 이때 국가가 제공하는 대가인 인센티브가 배타적 독점권으로서 지식재산권의 부여인 것이다. 이에 따르면 보호할 만한 가치가 있다는 것은 사회적으로 이익이 된다라는 것과 유사한 의미를 갖는다. 다음은 자연권적 접근에서 살펴볼 수 있다. 이 관점에서는 인간이 만들어 낸 지적 창작물에 대해 그것을 만든 사람은 자연적 소유권을 갖는다고 본다. 유체물에 대한 로크의 소유권 이론처럼 지적인 노동을 통해 지적 창작물을 만들어 내면 그것은 노동을 투여한 그 사람에게 재산으로 귀속된다는 것이다. 국가는 지적 창작물에 대해 이를 창출한 사람에게 권리가 있음을 확인하는 역할을 한다. 이에 따르면 보호할 만한 가치가 있다는 것은 자연권적인 소유권을 부여받았음을 의미하는 것이다.

이처럼 보호할 만한 가치는 접근 방식에 따라 서로 달리 제시된다. 공리주의적 접근에서는 경제적 · 공익적 가치가 있는 것이 보호 대상(보호할 만한 가치가 있는 것)이 되는 것이고, 자연권적 접근에서는 인격이 투영된 정신적 소산, 즉 자연권적 소유권을 부여받을 수 있는 결과물을 보호 대상(보호할 만한 가치가 있는 것)으로 하는 것이다. 그런데 이 가치는 불확정 개념이어서 현실에서 이를 구현하기 위해서는 법에 의한 일정한 기준이 제시되어야 한다. 이 기준을 우리가 요건이라고 부른다. 그래서 법에서 정하고 있는 요건을 충족하면 권리를 보호하고, 요건을 충족하지 못하면 보호할 만한 가치가 없으므로 권리를 보호하지 않는 것이다. 지식재산권에 관한 여러 법률에서 법적 요건을 중요하게 다루는 것이 그러한 이유다. 각 법이 보호하고자 하는 권리의 대상이 될 수 있는 것을 명확히 정하고 그에 기반하여 법 제도를 운영해 가는 핵심이 바로 법적인 요건이기 때문이다.

지식재산권의 각 권리

우리나라에 지식재산권법이라는 법률은 없다. 외국에는 그러한 명칭을 갖는 법률이 존재하는 경우도 많이 있지만, 우리나라는 특허법, 저작권법, 상표법, 디자인보호법 등과 같이 개별적인 법률을 두고 있고 이들을 통칭하여 지식재산권법이라 부르고 있다. 우리가 하나의 개념으로 지식재산권이라 얘기를 하고 있지만, 이에 해당하는 각각의 권리들은 전혀 다른 배경과 내용을 가지고 있다. 각 법률이 권리 보호를 위해서는 어떠한 요건을 갖고 있는지 등을 모두 이해하여야 할 필요성이 여기에 있다.

특허법은 특허권에 대해 규정하고 있다. 특허권은 특

허를 받은 발명을 독점적으로 이용할 수 있는 권리이며, 그 발명에 대해 타인의 이용을 배제할 수 있는 권리다. 이 권리를 갖기 위해서는 먼저 특허를 받을 수 있는 발명을 하여야 하고, 그 발명이 특허 요건(산업상 이용 가능성, 신규성, 진보성)을 충족하여야 특허청의 심사 및 설정 과정을 통해 특허권이 부여된다.

저작법은 저작권에 대해 규정하고 있다. 저작권은 저작인격권과 저작재산권이라는 두 가지의 권리로 구성된 것이다. 저작인격권에는 공표권, 성명 표시권 및 동일성 유지권이 속하며, 저작재산권에는 복제권, 공연권, 공중송신권, 전시권, 배포권, 대여권, 2차적 저작물 작성권이 속하고 있다. 이들 권리 하나하나가 저작권법에 의하여 보호받는 권리(저작권은 이를 통칭하는 용어다)가 된다. 저작권을 갖기 위해서는 인간의 사상 또는 감정을 표현한 창작물, 즉 저작권의 성립 요건을 충족하는 것을 창작하거나 이를 창작한 사람으로부터 양수받아야 한다.

상표법은 상표권에 대해 규정하고 있다. 지정 상품에 관하여 그 등록 상표를 독점적으로 사용할 권리를 상표권이라고 한다. 상표권을 부여받기 위해서는 자타 상품 식별력이 있어야 하고, 상표법상의 부등록 사유에 해당하지 않아야 하는 등의 요건을 충족하여야 한다.

그 외 부정 경쟁 방지 및 영업 비밀 보호에 관한 법률상의 영업 비밀로 보호받기 위해서는 특정한 정보가 비공지성(비밀성), 경제적 가치, 비밀 관리성의 세 가지 요건을 충족해야 한다. 이 요건 중 하나라도 충족이 안 될 경우에 그 정보는 영업 비밀로 보호받을 수 있는 대상이 될 수 없다. 한편, 디자인보호법은 디자인권에 대해 규정하는데 특정한 디자인이 물품성, 형태성, 신규성, 창작 비용이성 등의 요건을 충족할 때 디자인권으로 보호받을 수 있는 디자인이 된다.

이와 같이 지식재산권에 관한 여러 법률들은 각각의 보호하는 권리를 명시하고 있는데, 이들 권리의 성립을 위한 요건을 충족하는 객체를 보호할 만한 가치가 있는 대상으로 보는 것이다. 인공지능이 권리의 주체가 될 수 있는지에 대한 논의에서 다루는 권리는 이러한 지식재산권의 각 권리를 의미하는 것이며, 어떤 권리를 적용하느냐에 따라 적용되는 요건 및 관련 법률이 모두 상이하다. 현재 실무적으로 인공지능과 관련하여 주로 논의가 이루어지고 있는 권리는 특허권과 저작권을 중심으로 하고 있다.

한편, 지식재산권의 권리는 보호 측면에서 다른 유체물의 재산적 권리와 다른 특징을 지니고 있다. 그것은 권리 보호 범위에 유사 범위를 포함하고 있다는 점이다. 지식재산권의 객체들은 무형의 것들이어서 보호 범위를 특정한다는 것이 어떻게 보면 관념적인 형태로 나타나는 것이므로 객관적인 보호 범위를 명확히 구분한다는 것이 용이하지 않다. 동시에 약간의 변형을 통해 권리 침해를 회피하고자 하는 경향이 상대적으로 높게 나타날 수 있기 때문에 보호 범위를 유사한 영역까지 확장하여 이러한 침해에 따른 책임 회피를 방지하기 위함이다. 이에 지식재산권 분야에서 권리 보호의 범위는 유사한 것까지 포함하여 통상의 경우에 비해 상대적으로 넓게 형성된다.

참고문헌

김시열(2017). 인공지능 등 비자연인의 특허권 주체 인정을 위한 인격 부여 가능성에 관한 연구. ≪법학논총≫, 제39집.

남형두(2008). 저작권의 역사와 철학. ≪산업재산권≫, 제26호.

신동룡(2005).자유주의적 저작권 담론의 성과와 한계에 대한 고찰. ≪법철학연구≫, 제8권 제1호.

가또 마사노부(2005). 『소유권의 탄생』. 법우사.

03
논의의 전제: 인공지능의 수준

인공지능의 소유를 논의할 때는 정확한 대상을 특정할 필요가 있다. 인공지능은 계속 변화하는 기술로 기술 수준에 따라 작용의 양태가 달라 그에 따른 법적인 성격 역시 상이할 수밖에 없다. 인공지능의 수준을 통상 약한 인공지능과 강한 인공지능으로 분류하는데 이에 대한 개념과 소유의 논의에서 주체로서의 전제들을 생각해 본다.

인공지능의 기술 수준 분류

2016년 알파고, 그리고 2022년 챗지피티(ChatGPT)(오픈AI), 버트(BERT)(구글) 등의 등장은 인공지능의 활용 폭을 한 단계 넓히는 계기가 되었다. 특히 고도의 기술적 수준을 갖춘 챗지피티 등의 생성형 인공지능은 과거와 달리 인공지능의 범용적 활용 및 창작적 활용이 가능하다는 점에서 우리 사회에 큰 인식의 변화를 가져오고 있다.

인공지능이라는 용어가 처음 사용된 것은 1956년 다트머스 회의의 공동 제안서에서라고 보고 있다. 인공지능의 발전은 다트머스 회의 이후 1차에서 3차 인공지능 붐을 거쳐 현재에 이르고 있으며, 이러한 발전은 데이터 누적 및 컴퓨터 성능의 비약적 발전에 영향을 받은 것이다. 1950년대 후반에서 1960년대 사이를 제1차 인공지능 붐(boom)이라 하는데, 이때는 검색과 추론을 컴퓨터가 맡게 된 초창기에 해당한다. 현실 문제를 실제로 해결하는 데는 한계가 있어 열풍이 이어지지 못하였다. 1980년대에서 1995년 사이를 제2차 인공지능 붐이라고 분류한다. 이때는 전문가 시스템 성능 향상에 기반을 둔 열풍이었으나, 데이터 축적의 한계로 인하여 열풍이 가라앉는다. 그리고 2010년경에서 현재까지를 제3차 인공지능

붐으로 분류하고 있다. 지금의 이 시대는 데이터 처리 기술의 확대, 컴퓨터 성능의 고도화, 그리고 인공지능 기술(딥러닝 등)의 비약적 발전으로 인한 열풍이 일고 있다. 특히 2016년 구글의 알파고와 프로 바둑기사 이세돌 9단의 바둑 대결을 계기로 인공지능 기술의 대중적 인식 확산이 이루어지기도 하였다.

인공지능의 수준을 명확한 기준으로 구분하는 것은 어렵다. 현재 가장 일반적으로 사용되는 분류는 약한 인공지능과 강한 인공지능으로 구분하는 방식[버클리 대학의 존 로저스 설(John Rogers Searle)이 제안]이다. 약한 인공지능의 특징으로는 특정한 영역에 한정된 활용이 가능하다는 점, 알고리즘을 포함하여 기초 데이터 및 규칙을 입력하고 입력된 것을 기반으로 학습이 가능하다는 점, 입력된 규칙을 넘어서는 창작 행위는 불가능하다는 점, 인간과 같은 고도의 복합적 사고가 필요한 것은 아니라는 점 등을 들 수 있다. 반면 강한 인공지능은 이에 반대되는 특징을 갖는다. 즉 특정 영역에 한정되지 않고 다양한 영역에서 활용할 수 있다는 점, 알고리즘을 설계하면 별도의 입력 행위가 없더라도 인공지능이 스스로 데이터를 찾아 학습할 수 있다는 점, 입력된 규칙에 한정되지 않고 능동적인 학습이 이루어진다는 점, 복합적 사고가 가능하다는 점 등을 특징으로 들 수 있다. 우리가 인공지능의 지적 소유를 다루고자 하는 전제는 강한 인공지능 수준의 기술이 구현되어 있음으로 하고 있다. 약한 인공지능의 경우 사실 어떠한 창작 과정에서 인간을 보조하는 역할밖에 할 수 없으며, 기술 수준이 강한 인공지능에 이르러야 비로소 인공지능에 의한 창작이 성립할 수 있다고 보기 때문이다.

창작에 관한 인공지능의 역할 인식

인공지능 기술은 불과 몇 년 전만 하더라도 특정한 분야에서 특화된 인공지능 모델의 활용이 중심이 되고 있었다. 미술 분야에서 마이크로소프트 등의 '넥스트 렘브란트' 프로젝트가 특정한 화풍을 재현하여 작품을 구현하는 것과 같이 문학, 음악 등 다양한 영역에서 개별적 모델의 활용이 이루어지고 있었다. 한편, 인공지능 다부스(DABUS)의 특허출원 사례와 같이 발명 과정에도 인공지능의 활용이 충분히 이루어지고 있으며, 인공지능을 활용한 발명에서는 진보성 기준의 수준 변경에 대한 논의도 시작되고 있다. 그런데 이러한 인공지능 활용에 다시 큰 변화를 가져온 것은 2022년 12월 오픈AI사의 챗지피티 서비스의 출시였다. 기존에는 구체적인 과업을 위해 개별적인 인공지능 모델을 개발하고 적용하는 방식이 주로 이루어졌는데, 챗지피티 출시 이후 다양한 상황에서 활용할 수 있는 범용 인공지능 모델 활용이 주류 흐름으로 자리 잡았다. 이러한 생성형 인공지능 모델은 프롬프트 형태의 명령어를 문장 또는 단어 단위로 입력하면 인공지능 모델이 명령어의 맥락을 분석하여 그에 맞는 결과를 생성 및 제시하는 방식으로 기능한다. 이에 일반 대중의 활용이 어렵지 않으며, 정보의 조사가 가능할 뿐 아니라 에세이, 소설, 시 등과 같은 다양한 창작물을 생성할 수 있다는 점에서 급진적 활용 증가를 보이고 있다.

다만, 지금의 시점에서 인공지능에 의한 창작은 상당한 한계가 존재한다는 지적이 주류 입장이다. 기존의 작업 내용(데이터)을 중심으로 훈련된 인공지능이 본질적으로 스스로 새로운 아이디어와 같은 창의적인 결과를 생산할 수는 없다는 점이 대표적인 이유다. 이에 아직은 창작의 과정에서 인공지능과 이를 이용하는 인간 사이에 면밀한 감독과 조정이 필수인 상황이다. 이에 현재 시점에서 인공지능의 기술 수준이라 함은 인공지능에 의하여 일련의 '창작'을 도모할 수 있다고 보기보다는 창작의 효율성 확보 등과 같은 '보조' 역할을 수행하는 것으로 이해하기도 한다. 물론 최근 생성형 인공지능의 발전으로 기존보다는 창작에 가까워진 것으로 '창작에 영향을 미치는 조력'을 제공하는 것으로 보기도 한다.

해외의 여러 국가들은 인공지능의 수준에 대해 아직은 인간의 도구로서의 성격이 강하다는 점을 지지하고 있으나, 발전의 방향성 면에서는 인공지능이 점차 '자율적'으로 무언가를 생성하는 역할이 증가하고 있다는 점을 인정하기도 한다. 우리나라 특허청이 2022년 수행한 전문가 협의체의 논의 결과에서도 인공지능의 많은 발전에도 불구하고 아직은 인간의 개입 없이 인공지능이 스스로 무언가를 창작해 낸다는 것은 어려운 것으로 보았다. 즉 인공지능이 인간의 창작을 위한 도구 역할을 벗어난 것은 아니라는 견해가 통설임을 알 수 있다. 인공지능이 작동한 모습에서 외관상 자율성 혹은 자의식을 갖고 결과물을 만드는 것처럼 보일 수 있으나 이러한 것 역시 모델링의 결과일 뿐 실제 인공지능이 자율적으로 사고한 결과가 도출될 수는 없다고 한다. 그러나 최근의 불과 1~2년 사이에 생성형 인공지능 모델을 중심으로 우리 사회에서 비약적인 기술 발전을 보이고 있으며, 이미 우리 산업에서 인공지능은 없어서는 안 될 중요한 역할을 차지하고 있다. 발전의 속도가 인류의 생각을 넘어서는 수준으로 나타난 것이다. 이에 인공지능의 기술적 발전이 어느 시점에 어떠한 수준으로 변해 갈지 관심을 갖고 지켜볼 필요가 있다.

이에 우리가 논의하고 있는 인공지능의 지적 창작은 인공지능의 완전한 자율성을 전제로 하지는 않지만, 발전의 방향성 측면에서는 그러한 수준으로 기술이 발전할 수 있음을 고려한다.

참고문헌

전정화(2020). 인공지능(AI) 창작에 대한 특허법적 이슈. ≪IP Focus≫, 제2020-10호.

특허청 특허심사기획국(2022). 『인공지능(AI)과 지식재산백서』. 특허청.

04
특허법상 발명자 인정 논란

인공지능을 발명자로 인정할 수 있는지의 문제는 인공지능에 대한 특허법상 문제 가운데 가장 중요한 것 가운데 하나다. 특히 최근 인공지능 모델인 다부스의 특허출원 사례는 이 문제를 현실로 등장시킨 바 있다. 이에 다부스 사례를 중심으로 인공지능의 발명자성 논의를 살펴본다.

인공지능 다부스의 발명자 인정 논란

미국의 인공지능 개발자인 스티븐 살러(Stephen L. Thaler)는 2019년 자신이 만든 인공지능 시스템인 다부스(DABUS, Device for the Autonomous Boot- strapping of Unified Sentience)가 발명을 수행하였다고 하며 여러 나라에서 다부스(DABUS)를 발명자로 표시한 특허를 출원하였다. 살러는 다부스가 일반적인 발명에 관한 지식을 학습한 후 독자적으로 발명을 한 것이며, 살러 자신도 모르는 전혀 다른 성격의 두 가지 내용을 발명하였다고 주장하였다. 이 두 가지 발명을 보면, 먼저 프랙탈 구조의 음식 용기(Fractal Container)에 대한 것이 있다. 이는 용기의 내외부에 오목부와 볼록부를 갖는 프랙탈 구조의 식품 용기를 내용으로 하는 것이다. 두 번째 발명은 신경 신호에 기반한 주의 집중 유도 장치(Neural Flame)에 대한 것으로 신경 동작의 패턴을 모방하여 눈에 잘 띄는 깜박임의 빛을 내는 LED 조명을 내용으로 하는 것이다. 한편 다부스는 학습 과정에서 어느 정도 인간의 개입이 이루어졌으며, 인공지능에 의한 생성물은 간단한 문장, 연관된 그래프 등이 우선순위와 함께 이루어진 것인데, 출원 과정에서 변리사에 의해 이러한 정보들이 명세서에 맞게 정리된 것이라는 점을 고려할 필요가 있다.

살러는 이들 출원 발명에 대해 인공지능 시스템인 다부스가 실제 발명자로 참여하여 이들 발명을 하였다고 하며, 인공지능 시스템인 다부스가 발명자로 인정되어야 함을 주장하였다. 이와 같은 살러의 주장은 당시 인공지능 기술의 급진적 발전의 흐름 속에서 인공지능의 발명에 대한 법적 지위 문제를 논쟁의 한복판으로 끌어들였다.

다부스를 발명자로 하는 특허의 출원은 우리나라를 비롯하여 미국, 영국 등 총 16개국에서 이루어졌다. 미국에서는 발명자는 자연인에 한정된다는 것을 이유로 한 미국특허청(USPTO)의 거절 결정(2020년) 이후, 연방순회항소법원(CAFC)의 같은 취지의 판결(2022년), 그리고 연방대법원이 최종적으로 기각 결정(2023년)을 내려 인공지능 발명자를 인정하지 않았다. 영국 역시 영국특허청(UKIPO)이 같은 이유로 거절 결정(2019년)한 이후, 2023년 대법원의 같은 취지의 기각 결정이 최종적으로 이루어졌다. 유럽연합 역시 유럽특허청(EPO)을 통해 유럽특허협약(EPC)에 따르면 발명자는 자연인이어야 함을 확인하고 해당 출원의 등록을 거절(2019년)한 바 있으며, 2021년 유럽특허청(EPO) 심판원에서 최종적으로 거절 결정이 유지된다. 우리나라도 이와 다르지 않은 태도를 보이는데 이 사안이 최근(2024년) 서울고등법원에서 기각되었다. 한편 우리 특허청은 2022년 인공지능은 발명자로 인정될 수 없다는 것을 심사 지침으로 발표하기도 하였다.

이와 같이 대부분의 국가가 인공지능을 발명자로 인정하기 어렵다는 일관된 태도를 보이는 것과 달리, 일부 국가에서는 다른 태도를 보여 인공지능 발명자 인정에 대한 논란을 이어 가기도 한다. 남아프리카공화국이 자국법상 무심사주의를 적용함에 따라 특허협력조약(PCT) 규정상의 형식적 요건만 심사 후 등록(ZA 2021/03242)한 사례(2021년)가 있었고, 호주의 경우 다부스를 발명자로 인정하는 연방법원의 판결(2021년)이 있었다. 이에 대해 호주 대법원은 특허청의 항소를 받아들여 최종적으로는 인공지능을 발명자로 인정하지 않는 것으로 판단(2022년)한다. 독일의 경우에는 연방특허법원에서 인공지능 정보를 병기한 발명자 기재를 인정(2023년)하였고, 이에 대해서 현재 연방대법원에 상고심이 진행 중이다.

인공지능의 발명자성 인정 논의

인공지능에 의한 발명 문제를 논의하면서 가장 먼저 해결되어야 할 쟁점이 인공지능을 특허법상의 발명자로 인정할 수 있을 것인가에 대한 문제다. 이 문제는 인공지능을 자연인으로 볼 수 없어 특허법상의 발명자가 될 수 없다고 판단 시, 대안으로 인공지능을 자연인으로 의제할 수 있는 방법이 가능할 것인가에 대한 검토를 포함한다.

인공지능을 발명자로 인정하는 것에 대해서는 많은 논란이 이루어지고 있다. 먼저 부정적인 태도로는 인공지능이 외관상으로는 상당히 창의적인 일을 한 것으로 보이지만 결국 사람이 갖춰 놓은 틀 안에서 동작한 결과가 현출된 것이라는 견해, 다부스 사례 역시 사실 입증이 이루어지지 않을 뿐 아니라 기술 발전에 대한 패러다임 변화를 도모하였다기보다 노이즈 마케팅의 일환일 가능성이 있다는 견해, 국제적 논의 흐름에서도 인공지능을 아직 도구에 불과한 것으로 이해한다는 견해 등이 제기된다. 반면, 긍정적인 태도도 있는데, 발명의 기여도 측면에서 인공지능을 공동 발명자로 인정하는 것이 타당하다는 견해, 현재 개발되는 인공지능 기술은 도구 이상의 역할을 수행한다는 견해, 인공지능 기술 발전을 위해

과감할 필요가 있다는 견해 등이 제기되기도 한다. 물론 인간이 권리를 갖는다는 전제에서 인공지능의 발명자성 문제는 정책적 판단 사항이라는 견해, 사회적 합의 등을 종합적으로 고려하여 문제 발생 이후 신중하게 적용해야 한다는 견해 등과 같은 중립적 태도도 존재한다.

이 문제를 생각해 보는 데 가장 먼저 살펴봐야 할 것이 우리 특허법상 발명자는 자연인만 되는 것으로 해석하는 것이 옳은가에 대한 의문이다. 이에 대해 특허청의 해석을 비롯하여 법원의 판결은 자연인만이 발명자가 될 수 있다고 일관된 태도를 지닌다. 특허법 제33조 제1항에서 '특허를 받을 수 있는 자'를 '발명을 한 사람' 또는 '그 승계인'이라 명시하고 있다는 점, 그리고 동법 제42조 제1항 제4호에서 특허출원서에 '발명자의 성명 및 주소'를 기재하도록 하고 있다는 점 등을 근거로 한다. 즉 특허법에서 발명자는 자연인임을 명시하지는 않지만, 이러한 규정들을 볼 때 발명자는 자연인인 인간임을 전제로 하고 있다는 의미다.

조금 더 깊이 고민해 본다. 첫째, 우리나라 특허법에서 발명의 정의 규정은 콜러(Josef Kohler)의 발명 정의를 기본으로 하는 것으로 보인다. 이에 기초를 둔 일본 특허법의 발명 정의에 우리가 영향을 받은 것으로 이해하는 것이 일반적이기 때문이다. 콜러는 발명을 자연력의 이용으로 자연을 극복하여 기능적 결과를 초래함으로써 인간의 필요를 충족하기에 적합한, 기술적으로 표현된 인간 사항의 창작이라고 정의한다. 즉, 인간 사항을 창작한 것이 발명이라 인식한 것이다. 둘째, 사실행위의 주체를 확장할 수 있는지에 대한 검토다. 발명은 사실행위인데 사실행위 자체는 개념상 자연인에 의할 것이 요구된다고 본다. 사실행위는 인간의 정신 작용에 의거한 법률 사실로서 인간, 즉 자연인의 의사가 외부에 표현된 용태로 정의된다. 따라서 행위에 의한 의식의 내용을 묻지는 않으나 그 사실행위 자체는 당연히 자연인인 인간에 의할 것이 전제된다. 이는 특허법상 발명에도 동일하게 적용되는 것이 확고한 통설의 입장이기 때문이다. 한편, 특허법원 역시 '발명을 한 자'는 '창작 행위에 현실로 가담한 자연인만을 가리킨다'고 판결(특허법원 2003.7.11. 선고 2002허4811 판결)하고 있음도 이를 지지한다. 셋째, 인공지능을 발명자로 인정할 수 있다고 보는 견해에서 근거로 제시하는 것 가운데 하나로 특허법의 적용 대상이 계속 확장되어 왔다는 점이 있다. 물론 특허법 적용 대상의 확장은 계속 이루어지고 있다. 과거에는 특허의 대상이 될 수 없었던 것들이 특허를 받을 수 있는 발명으로 확대되고 있는데, 이러한 '횡적 확장'은 시대 및 산업적 흐름에 따라 다양하고 자유로운 변화가 유지될 수 있다고 본다. 그러나 발명을 창출하는 주체의 확대라고 할 수 있는 '종적 확장'은 여전히 과거의 사례에서 찾아볼 수 없는 새로운 논의이기도 하다. 이에 산업상의 필요에 따라 인공지능에 대해서도 입법이라는 수단을 통해 특허법의 자유로운 확장이 가능하다는 일부 견해에 대해서는 특허법의 횡적 확장과 종적 확장의 구분이 존재함을 고려하면 근거가 다소 부족하다고 생각한다.

이러한 점을 볼 때, 일부 예외적인 태도가 있기는 하나 현행 특허법 체계에서 인공지능을 발명자로 인정하기 어렵다는 점은 수긍할 수 있다. 다부스에 대한 각국의 대응이 발명자성의 불인정으로 모아지고 있는데, 이에 대한 비판의 목소리가 잘 들리지 않는다는 점에서도 많은 사람들 역시 이와 같은 시각을 가지고 있는 것으로 생각된다. 다만 기존의 논의에서 잘 부각되지 않은 점이긴 하나 인공지능에게 왜 발명자성을 인정하여야 하는가에 대한 고민이 필요하다고 생각한다. 특허법 체계의 연혁적 의미, 현행 법령에 따른 해석 등과 같이 특허법이라는 틀 내에서 이 문제들에 대한 답을 찾아보던 것이 지금까지의 노력이었다. 그러나 특허 제도가 인공지능을 제도상의 주체로 받아들일 목적상의 필요가 있는지 깊이 고민해 볼 시점이기도 하다.

참고문헌

계승균(2016). 『인공지능(AI) 분야 산업재산권 이슈 발굴 및 연구』. 특허청.

곽윤직·김재형(2012). 『민법총칙』. 박영사.

05
인공지능 창작물의 저작권 논란

인공지능이 생성한 창작물에 대해 저작권의 관점에서는 저작자의 인정 문제, 생성물의 저작물성, 그리고 학습 데이터에 대한 사용 문제가 대표적으로 논의되는 대상이다. 이들 논의에 대한 중요한 쟁점들을 살펴본다.

인공지능 생성물의 저작자

인공지능이 생성한 창작물의 저작자 인정 문제에 대해 여러 견해가 나뉘고 있다. 먼저 인공지능 개발자를 저작자로 보는 견해에서는 인공지능의 작동이 개발자가 설계한 알고리즘과 학습 데이터를 기반으로 하고 있음을 전제로 한다. 인공지능의 생성 능력은 결국 개발자의 지적인 노력의 결과물이라 본다. 따라서 이를 통한 생성물에 대한 권리 역시 개발자에게 귀속되어야 한다는 입장이다. 다음으로는 인공지능의 사용자를 저작자로 보는 견해가 있다. 이 견해는 인공지능을 하나의 도구로 인식하고 이 도구를 사용하여 특정한 창작물을 만들어 낸 사용자가 저작자로 인정되어야 한다고 보는 것이다. 인공지능을 카메라나 컴퓨터와 같은 창작의 도구로 이해하는 것이며, 인공지능에 의한 창작 과정에서도 사용자의 의도와 선택이 중요한 역할을 하는 것으로 인식한다. 한편, 인공지능 자체를 저작자로 인정해야 한다는 견해도 있다. 이는 인공지능의 자율성과 구체적인 생성 능력이 인간의 수준에 근접 혹은 인간의 수준을 상회하는 경우를 고려한 것이다. 마지막으로 인공지능에 의한 창작물을 공동 저작물 등으로 보는 견해가 있다. 이는 특정한 창작물에 대해 개발자, 사용자 등 여러 주체에 기여를 인정하는 방식을 적용한 것이다. 이러한 견해들은 각기 장단점을 가지고 있으나, 현실적으로 지금의 저작권법 체계에서 쉽게 적용할 수 있는 것은 아직 아니라고 본다. 각 견해에 여러 가지 쟁점이 복합적으로 작용하기 때문이다.

인공지능 생성물의 저작물성

저작권법은 인간의 사상 또는 감정을 표현한 창작물을 저작물이라고 정의한다. 따라서 동물에 의한 표현이나 기계의 생산, 소프트웨어의 자동 생성된 부분 등은 인간에 의한 것이 아니므로 저작물이 될 수 없는 것이다. 이는 우리 저작권법만의 규정은 아니며, 저작권에 관한 국제적 규범인 베른협약을 비롯하여 해외 각국의 저작권법 역시 인간에 의한 창작물만을 저작물로 인정하고 있다. 2015년 미국 캘리포니아에서 있었던 국제동물보호단체(PETA)와 사진작가인 데이비드 슬레이터(David Slater) 사이에 있었던 소위 나루토(Naruto) 사건이 대표적이다. 이 사건은 나루토라는 이름의 침팬지가 찍은 사진의 저작권이 누구에게 있는지가 쟁점이 된 사건이었다. 재판 결과 나루토라는 침팬지는 실제 셔터를 누르는 행위를 하였지만 그 행위가 저작권법이 요구하는 요건인 인간에 의한 행위가 아니므로 저작권이 나루토에게 부여될 수 없다는 판단이 나왔다. 저작권법의 규범상 당연하면서도 현재까지 전 세계적으로 일관된 태도에 해당한다.

현재 이러한 점에 대한 인공지능에 관한 논의는 인공지능의 도구적 사용을 전제로 하므로 기존의 저작권법 체계를 존중하는 태도를 보인다. 즉, 산업 · 기술적으로 현재 인공지능의 기술 수준은 인간이 정한 범위 안에서 문제를 풀기 위해 조금 더 효율적인 기능을 제공하는 것에 불과한 상태로 보는 것이 지금의 일반적인 견해다. 한편, 진정으로 인간의 개입이 없는 인공지능의 창작이 있을 경우 저작권 보호에 대해서는 견해가 여러 갈래로 나뉜다. 이는 인간에 의한 행위가 아니므로 여전히 저작권법상 보호받을 수 없다는 견해, 저작인접권의 형태로 보호하여야 한다는 견해, 특칙을 두어 저작물로 보호하여야 한다는 견해, 별도의 독자적인 권리로 보호해야 한다는 견해 등이다. 어떠한 견해에 따르더라도 입법적 시도와 더불어 철학적, 정책적 고민이 함께 이루어져야 한다는 복잡한 과정이 요구된다.

인공지능 학습 데이터와 저작권

인공지능은 그 작동을 위해 필연적으로 데이터의 학습이 요구된다. 얼마나 좋은 성능을 갖느냐는 알고리즘의 성능을 제외하고는 학습한 데이터의 양과 질에 따라 결정된다. 그런데 학습 데이터 가운데는 저작물인 데이터가 존재할 수 있다. 인공지능이 다수의 저작물이 포함된 데이터를 수집하고 분석하는 텍스트 · 데이터마이닝(TDM) 과정에서 저작권 침해의 발생이 우려된다. 텍스트 · 데이터마이닝 과정에서 발생할 수 있는 저작권 문제는 텍스트 · 데이터마이닝 대상에 대해 저작물성의 문제, 데이터 검색 과정에서 기술적 보호 조치 무력화의 문제, 데이터의 수집 · 저장 과정에서 복제의 문제, 데이터를 처리하는 과정에서 일시적 복제 또는 2차적 저작물 작성의 문제, 분석된 정보를 공유하는 과정에서 전송의 문제 등이 있다.

이러한 문제를 해소하기 위해서 현행 저작권법에 의한다면 원칙적으로 해당 데이터에 존재하는 저작물에 대한 이용 허락을 얻거나, 그렇지 않으면 저작권법에 명시된 공정 이용 등의 규정을 활용하는 방법이 사용 가능하다. 그러나 사전에 일일이 이용 허락을 받는 것은 학습 데이터 활용의 현실을 고려할 때 사실상 불가능한 것에 가까우며, 공정 이용 규정을 활용한 허락 없는 이용 역시 규정의 불확실성으로 인하여 안정성이 낮다는 문제가 있다. 인공지능에 대한 학습은 산업적 영역에서 이루어지는 것인바, 절차적으로 낮은 효율 또는 효과의 불확실성은 산업상 활용이 용이하지 않음을 의미한다. 이에 인공지능의 학습 데이터에 대해서 저작권법의 규정을 보완해야 한다는 요구가 최근 이어지고 있다. 불확실성이 높은 기존 규범의 공정 이용 등은 관련 산업 내 인공지능 학습 과정에서 저작권 침해 발생의 위험이 상존하는 법적 불안감을 초래할 것이어서, 이로 인한 인공지능 산업, 데이터 산업에 위축 효과를 가져올 것이라는 우려에서 기인한 것이다.

이에 이 문제 해결을 위한 여러 방안들이 논의되고 있다. 이에 대해서는 인공지능 학습 과정에서 이루어지는 타인의 저작물 이용은 허용되어야 하며, 이때 그에 대한 보상 방안이 마련되어야 한다는 견해, 인공지능 학습 과정에서 저작물을 임의로 흡수하는 것은 기본적으로 변형적 이용으로 볼 수 없다는 견해(공정 이용이 인정될 수 없다는 견해), 인공지능 학습 과정에서 타인의 저작물을 이용하는 것은 자동으로 공정 이용으로 추정하여야 한다는 견해, 인공지능 시스템이 저작권 문제에 구애받지 않고 자유롭게 학습 등이 가능할 때 혁신이 촉진된다는 견해 등이 있다.

참고문헌

차상육(2021). 인공지능 창작물의 저작권법 쟁점. 차세대 디지털 환경에서의 저작권 정책 방향.

06
인공지능 이전의 유사 논의

인공지능의 권리 부여 논의에서 자연물에 대한 권리 논의 사례가 많이 참고되고 있다. 자연물의 권리에 대해서는 그 자체의 보호받을 권리를 인정하거나 소송상의 당사자가 될 수 있는 주체로 인정받을 수 있도록 하는 두 가지 방향의 논의가 존재하는데, 이에 대해 살펴본다.

천성산 도롱뇽 사건

인간이 아닌 어떤 존재에게 법적인 지위를 부여한다는 논의가 인공지능에 대해서 처음 시작된 것은 아니다. 인공지능을 대상으로 한 것은 아니지만 이전에도 이와 같은 유사한 논란이 존재하였다. 대표적인 형태로는 자연물을 당사자로 하는 소송이 가능한가에 대한 문제였다. 우리나라에서는 천성산 도롱뇽 사건이 가장 대표적이다.

천성산 도롱뇽 사건은 우리나라 환경 갈등 사례 중 대표적인 사례로, 경부고속철도(KTX) 건설 과정에서 경상남도 양산시와 부산광역시 금정구의 경계에 있는 천성산으로 경부고속철도가 관통하여 지나게 됨에 따라 도롱뇽의 서식지가 사라지고 천성산에 위치한 미타암 등의 사찰 역시 소음 피해를 겪게 된다는 점을 원인으로 하여 2003년 10월 15일 내원사와 미타암이 한국철도시설공단을 피신청인으로 부산지방법원에 경부고속철도 천성산 구간 터널 공사 중지 가처분을 신청하고, 동년 11월 3일 도롱뇽과 환경단체인 '도롱뇽의 친구들'이 같은 취지의 가처분을 신청한 사건이었다. 이 소송은 부산지방법원에 접수되었으나 관할 문제로 울산지방법원으로 이송되었고, 울산지방법원은 이 두 개의 가처분 신청 사건을 별건으로 병행 심리하였다. 이 사건에서는 도롱뇽이 소송을 제기할 수 있는 당사자로서 적법한가가 주요한 쟁점 가운데 하나였다.

이 사건의 1심(울산지방법원 2004. 4. 8. 자 2003카합982 결정)은 도롱뇽의 당사자능력에 대하여 "자연물인 도롱뇽 또는 그를 포함한 자연 그 자체에 대하여는 현행법의 해석상 그 당사자능력을 인정할 만한 근거를 찾을 수 없다"라고 하며 도롱뇽의 당사자적격을 부정하였다. 즉 도롱뇽은 소송을 제기할 수 없다는 것이다. 2심(부산고등법원 2004. 11. 29. 자 2004라41 결정)에서는 "그러나 자연물인 도롱뇽 또는 그를 포함한 자연 그 자체에 대하여 당사자능력을 인정하고 있는 현행 법률이 없고, 이를 인정하는 관습법도 존재하지 아니하므로 신청인 도롱뇽이 당사자능력이 있다는 신청인 단체의 주장은 이유 없다"라고 하여 1심의 판단과 같이 도롱뇽의 당사자적격을 부정하였다. 대법원(대법원 2006. 6. 2. 자 2004마1148 결정) 역시 "원심이 도롱뇽은 천성산 일원에 서식하고 있는 도롱뇽목 도롱뇽과에 속하는 양서류로서 자연물인 도롱뇽 또는 그를 포함한 자연 그 자체로서는 이 사건을 수행할 당사자능력을 인정할 수 없다고 판단한 것은 정당하고, 위 신청인의 당사자능력에 관한 법리

오해 등의 위법이 없다"라고 판단함으로써 종국적으로 도롱뇽의 당사자적격은 인정되지 않았다.

우리나라의 소송법 체계는 주관적 쟁송제도를 취하고 있다. 이에 자신의 권리 내지 법익을 침해받은 사람만이 소송상의 청구권을 갖게 된다. 여기서 사람만을 대상으로 하고 있으므로 위의 판결과 같이 도롱뇽은 소송상의 당사자적격을 인정받을 수 없었던 것이다. 이는 법원 민사소송 실무 차원에서의 일관된 태도인데, 인간인 개인의 주관적 권리가 침해된다는 전제가 충족되어야 사법적 구제가 가능하다는 것이다. 한편, 천성산 도롱뇽 사례와 같이 자연 자체가 피해를 받은 직접적인 대상인 경우에 도롱뇽의 이름으로 유지 청구를 할 수 있는지에 대해 긍정 견해와 부정 견해가 대립되고 있다. 판결과 다른 입장을 보이는 견해를 보면, 도롱뇽과 같은 자연 그 자체가 대상이 되는 자연의 권리 소송은 그 전제로 자연이 고유한 권리를 가진다는 점을 확인한다. 고유한 권리는 실체법상으로는 권리능력, 소송법상으로는 당사자능력을 의미하는 것으로 해석될 수 있는데, 민사소송법상 당사자능력은 반드시 민법상 권리능력을 전제로 하는 것은 아니라고 이해한다. 따라서 도롱뇽 등의 자연은 민법상으로는 권리의 주체가 되지 못하고 객체에 불과할 뿐이나, 그 자체만으로 소송법상 당사자능력이 '당연히' 부정된다고 볼 수는 없다는 태도를 갖는다. 즉, 실질적 당사자능력이 없다고 하더라도 형식적 당사자능력은 인정될 수 있다는 견해다.

해외의 자연에 의한 권리 소송 흐름

자연에 의한 권리 소송은 1972년 미국의 크리스토퍼 스톤(Christopher Stone)에 의해 자연물에게 법적 권리를 부여해야 한다는 주장에서 시작하는 것으로 본다. 그는 인간뿐 아니라 국가나 법인, 학교, 선박 등과 같은 비인격체들도 권리의 주체가 될 수 있는 것처럼 자연도 법적 권리를 보유할 수 있고, 그 권리가 침해되면 방해배제, 원상회복, 손해배상을 받을 수 있도록 해야 한다고 주장한다. 다만 자연의 권리는 그 권리를 가장 잘 보호할 수 있는 사람이 대리하거나 대위하여 행사할 수 있다고 한다. 자연의 권리 소송과 관련한 초기 논의다.

미국에서는 1972년 연방대법원의 시에라클럽 대 머튼 판결[Sierra Club v. Morton, 405 U.S. 727 (1972)]에서 이 문제가 구체화한 것으로 본다. 이 사건은 자연의 권리와 환경보호 단체의 법적 지위에 관한 중요한 논점을 제기한 것이다. 월트디즈니사는 미국 캘리포니아 시에라네바다산맥의 미네랄킹계곡(Mineral King Valley)에 스키 리조트를 건설하려는 계획을 세웠고, 이에 대해 시에라클럽은 이 개발이 자연환경에 심각한 해를 끼칠 것으로 우려하여 이를 막는 소송을 제기하였다. 이 소송에서 주된 쟁점은 시에라클럽이 소송을 제기할 당사자 적격이 있는가에 대한 문제였는데, 이는 시에라클럽은 자연 자체를 대신하여 소송을 제기한 것이기 때문이다. 결론적으로 연방대법원은 시에라클럽의 당사자적격을 인정하지 않았다. 환경단체가 소송을 제기하기 위해서는 그 구성원들이 월트디즈니사의 개발로 인하여 직접적이고 구체적인 피해를 입었다는 입증이 필요하다고 하였다. 다만 반대 의견으로 윌리엄 더글라스(William Orville Douglas) 대법관은 '우리는 이러한 환경적 대상들이 소송을 제기할 수 있도록 말할 수 있는 능력을 갖추어야 한다'고 하여 자연물에게도 법적 권리를 인정할 수 있도록 하여야 함을 주장하기도 하였다.

이후, 하와이 희귀 조류인 파리야 사건[Palila v. Hawaii Dep't of Land & Natural Resources, 639 F.2d 495 (9th Cir. 1981)], 북부 점박이올빼미 사건[Seattle Audubon Society v. Evans, 952 F.2d 297 (9th Cir. 1991)], 그레이엄산 붉은 다람쥐 사건[Mount Graham Red Squirrel v.

Madigan, 954 F.2d 1441 (9th Cir. 1992)], 하와이 까마귀 사건[Palila v. Hawaii Dep't of Land & Natural Resources, 944 F.2d 548 (9th Cir. 1991)], 플로리다 사슴 사건 [Sierra Club v. Babbitt, 896 F. Supp. 1170 (S.D. Fla. 1995)], 바다오리 사건[Marbled Murrelet v. Babbitt, 83 F.3d 1060 (9th Cir. 1996)] 등의 사건이 진행되었다. 이들 사례 가운데 당사자적격을 다투지 않아 원고적격이 인정된 경우를 제외하고는 모두 원고적격 관련하여 자연의 청구 부분이 각하되었다. 이처럼 미국의 일반적인 태도 역시 자연의 당사자적격을 인정하는 데 부정적인 것으로 나타났다.

일본의 경우 1995년 가고시마 지방법원에 제기된 아마미 소송이 대표적이다. 이 사건은 일본에서 자연의 권리를 주장한 최초의 소송으로 알려져 있다. 해당 지역의 삼림을 채벌하여 형질을 변경하는 골프장 개발을 위한 임지개발허가처분의 무효 확인 또는 취소를 구한 행정소송인데, 2001년 가고시마 지방법원은 원고적격 결여를 이유로 각하, 2002년 항소심 역시 동일한 이유로 각하한 바 있다. 이 소송에서는 아마미흑토끼(Amami Black Rabbit)와 같은 멸종 위기종을 포함한 자연 그 자체가 원고의 일부로 명시되었다.

한편, 독일의 경우에는 1988년 북해의 바다표범들이 떼죽음을 당하자 이들의 이름으로 서식 환경에 독성 중금속 유입 방지를 구하는 북해바다표범 소송이 제기되었는데, 독일 연방행정법원이 북해의 바다표범의 이익을 대변하여 소송을 제기한 자연보호단체의 원고적격을 인정하기도 하였다. 2011년 에콰도르에서는 빌카밤바강(Vilcabamba River) 소송이 있었다. 이 소송은 로하주 정부가 빌카밤바-퀸타나 고속도로를 확장하는 과정에서 강에서 채취한 바위, 모래 등을 사용하게 되면서 강의 변형, 홍수의 위험, 그리고 주변 생태계의 악영향 등이 발생함에 따라 빌카밤바강 주변에 거주하는 리처드 휠러(Richard Wheeler)와 엘리너 허들(Eleanor Geer Huddle) 부부가 빌카밤바강의 이름으로 소송을 제기한 것이었다. 법원은 헌법에서 '자연은 존재, 유지 및 재생의 권리를 가진다'라고 명시된 규정을 근거로 강의 권리를 인정하고 강을 대신한 부부의 당사자적격 역시 인정하였다.

해외의 사례를 보면 헌법상 혹은 그에 준하는 법적인 근거를 통하여 자연물에 일정한 권리가 부여된 경우라면 소송을 통한 권리 구제가 인정되는 모습이 나타나고 이때는 당연하게 인간이 자연물을 대신하여 소송을 제기하는 것이 인정되고 있다. 반면, 그러한 근거가 존재하지 않은 경우에는 소송법만으로 인간이 아닌 자연물 등에 당사자적격을 인정하지 않고 있음을 볼 수 있다. 우리나라도 현재 우리 법체계가 갖고 있는 인간 중심적 법질서 구성에 의한 한계를 겪는다고 볼 수 있다. 우리 헌법 제35조에서의 환경권 주체 등이 국민으로 한정되어 있다는 점, 기존에 법인 등에 당사자적격을 인정하고 있으나 이는 결국 인간이 구성원이 되고, 재산의 실질적 주체는 인간이라는 점에 기초한다는 사실 등을 고려할 때, 이러한 한계의 해결 없이 해석을 통한 방법으로 자연 자체의 당사자적격을 이끌어 내는 것은 간단하지 않을 것으로 생각된다. 이러한 한계의 인식으로 인하여 자연의 권리에 대한 별도의 소송 제도를 도입하자는 등 제도 및 입법적 방법을 통한 해결책이 주로 모색되는 것이 현실이다. 이에 자연의 권리에 대해 점차 자연물에 권리를 직접 부여하는 입법적 방식이 시도되고 있으며, 전 세계적으로 많은 관심을 불러일으키고 있다.

참고문헌

강재규(2008). 자연의 권리. ≪환경법연구≫, 제30권 3호.
법원행정처(2014). 『법원실무제요 민사소송(1)』. 법원행정처.

안경희(2011). 환경민사소송의 최근 동향과 쟁점 그리고 향후 과제. ≪환경법과 정책≫, 제7권.

07
인격의 확대 논의

인공지능에 인격을 부여하는 방안에 관하여 기존의 관련 논의들은 중요한 사례가 된다. 대표적인 것으로 자연물에 대한 인격 부여 사례와 법인격의 확대 적용 논의를 살펴본다.

자연물에 대한 인격의 부여

최근의 환경법적 논의에 따른 접근은 아니지만, 인공지능을 전통 법이론에 의한 권리 주체로 인정하는 것이 어렵다는 인정에서 출발한 접근법으로, 권리 주체로 인정할 수 있는 전통적 개념상의 대상인 인격의 범주를 확장하고자 하는 시도가 나타나기도 한다. 이러한 접근법을 따르면 인간을 전제로 한 인격에만 권리 주체가 인정될 수 있어 인공지능은 권리 주체가 될 여지가 없는데, 이 인격의 범주를 확장함으로써 인공지능과 같은 인간 이외의 대상을 인격으로 볼 수 있다면, 인공지능 등을 권리 주체로 인정하는 것이 자연스럽게 기존의 이론 체계에 포섭될 수 있을 것이라는 견해다. 현행법상의 법인에 대한 개념과 유사하다고 생각하면 된다.

자연의 권리에 대한 환경법 영역에서의 논의가 이들 논의와 연결된다. 이에 대해 자연물에 법적인 인격 부여를 시도하는 사례가 2010년대 이후 나타나고 있다. 이러한 방식의 접근을 통해 자연물을 당사자로 하는 소송의 유효성을 확보할 수 있기도 하다. 즉 자연물에 법적인 인격을 부여함으로써 민사소송 절차에서 자연물의 지위를 인간과 동일하게 볼 수 있다는 것이다.

2017년 3월 14일 뉴질랜드 의회는 왕거누이(Whanganui)강에 대하여 법인격을 부여하는 취지의 법안(Te Awa Tupua Act 2017)을 가결하였다. 1870년 이래로 마오리족은 왕거누이강과의 특별한 관계를 인정받기 위해 뉴질랜드 정부와 약 160년 동안 법적 분쟁을 이어 왔는데, 동 법안이 통과됨에 따라 해당 분쟁은 종결되고 왕거누이강은 세계 최초로 법인격이 부여된 자연물로 인정되었다. 이는 마오리족의 세계관을 반영하여 강을 생명체이자 조상으로 인식하는 개념을 받아들인 법제화였다. 뉴질랜드 법무부는 이와 같이 강에 법인격을 부여하는 접근 방식이 독특하다는 점을 언급하면서도, 오랫동안 마오리족이 왕거누이강을 둘러싼 전통 · 관습 · 관행을 지켜 온 것에 대해 필요한 조치였다고 설명한 바 있다. 이 법으로 인하여 뉴질랜드 정부와 마오리족은 공동으로 강을 관리하는 체계['테 포우 투푸아(Te Pou Tupua)'라는 기구 설립]를 수립하게 되었는데, 구체적으로는 마오리족 공동체가 임명한 대표자 1인과 정부가 위임한 대표자 1인이 공동으로 왕거누이강을 대리하는 방식으로 이루어진다. 그리고 왕거누이강에는 자연인과 같은 권리 · 의무와 책임이 부여된다. 이러한 방식은 우리나라 도롱뇽 판례에서의 '도롱뇽의 친구들'의 역할과 같이 실질적인 행위를 할 수 없는 자연을 대리하여 인간이 이를 보조할 수 있도록 한 것과 같다. 이 입법례는 국제적으로도 자연물에 법적 인격을 부여한 중요한 선례로서 의미를 갖는다.

또 2017년 3월 20일, 인도 우타라칸드(Uttarakhand)주 고등법원은 갠지스(Ganga)강과 야무나(Yamuna)강에 대하여 법인격을 부여하는 취지의 판결을 선고한 바 있다. 이 법원은 10일 후인 동년 동월 31일, 히말라야산맥의 강고트리(Gangotri) 빙하와 야무노트리(Yamunotri) 빙하에 대해서도 법인격을 인정하는 판결을 선고하였다. 위의 판결들로 인하여 인도에서 갠지스강, 야무나강 및 히말라야 빙하는 자연물임에도 살아 있는 사람과 같이 법적 권리를 보유할 수 있는 주체로 인정되었다. 이에 위 자연물에 해를 끼친 경우에는 사람에게 피해를 입힌 것과 동일하게 손괴에 대한 것이 아니라 상해에 대한 것으로 법적 취급을 받게 되었다. 이 판결에 따르면 법인격(juristic person)은 사회의 발전에 따라 사회적 목적을 위해 고안된 개념으로 자연인과 마찬가지로 법에 의해 권리와 의무가 부여되며, 사회 · 정치 · 과학이 점차 발전함에 따라 가상의 인격체가 법인격을 갖게 되는 것은 불가피하다고 하며, 인간이 아닌 어떠한 대상(생물, 무생물, 사물)도 법인격을 가질 수 있으며, 법인격의 주체는 법원이 승인한 종교기관 또는 유용한 단체일 수 있음을 전제하였다. 따라서 갠지스강 등의 심각한 훼손과 관련하여 갠지스강 등이 힌두교인들에게 종교, 생활의 측면에서 정신적 · 실제적으로 중요한 의미를 가지고 있음을 고려, 사회의 인식과 신앙을 보호하기 위하여 갠지스강 등 자연물에 대해 법인격을 부여하는 것으로 판단하였다. 아울러 동 법원은 위 판단의 근거 중 하나로 인도 헌법 제51조A (g)항을 언급하였는데, 이는 "모든 인도 국민은 산림, 호수, 강, 야생 생물을 포함하는 자연환경을 보호하고 개선할 의무가 있으며, 생명체에 대한 자비로움을 가져야 한다"는 것을 내용으로 한다.

그런데 이 판결은 우타라칸드주 정부의 항소로 인해 2017년 7월 7일 인도 대법원에서 인정되지 않는다. 대법원은 강에 법적인 인격을 부여하는 것이 실질적으로 어떻게 실행될 수 있는 것인가에 대해 의문을 제기하였고, 강에 인격 부여 시 홍수나 익사 사고 등으로 인한 피해 발생에 따른 책임 등 복잡한 법적 문제가 뒤따를 것이라는 점을 반대 이유로 제시하였다. 법적 인격의 부여를 통한 보존보다는 구체적인 환경법 규제를 강화하는 등의 현실적인 대안을 마련하는 것이 적절하다고 본 것이다.

2019년 1월 30일, 방글라데시 대법원은 국내의 모든 강에 법적 인격을 부여하는 판결을 함으로써 방글라데시의 모든 강은 법적으로 '살아 있는 존재'로 인정받게 되었다. 이 소송은 방글라데시의 수도인 다카를 관통하는 투라그(Turag)강의 불법 점거에 대해 환경단체들이 강의 보호를 위하여 제기한 것이다. 한편, 이 판결은 강의 법적 보호자를 지정하였고, 이로 인하여 국가강보호위원회(National River Conservation Commission)가 강의 '법적 보호자'로 지정되었다.

법인격 확대의 논의

권리의 주체로서 인간인 자연인이 있지만, 인간 개인의 능력에는 한계가 있어 인간이 사회생활을 하면서 일정한 공동 목적의 달성을 위해 단체를 결성하는 경우가 발생한다. 이러한 경우에 단체에서 권리와 의무의 주체는 누구인가라는 문제가 발생한다. 단체의 구성원 모두를 그 주체로 삼는 것도 생각할 수 있지만 그렇게 한다면 거래 관계에서 매우 불편이 초래되므로 구성원과는 독립된 주체로서 단체 자체를 인정하고, 여기에 권리와 의무의 주체로서 지위를 부여하자는 것이 법인 제도다. 법률에 근거하여 성립한다는 점과 의인화한다는 점에서 자연인에 대비하여 법인이라 부른다.

단체의 경우에도 실체에 맞게 법적 규율을 하는 것이 바람직하다. 현실 세계에서 어떤 단체가 하나의 단일체로서 활동하고 있다면 법의 세계에서도 이를 법적 주체로 인정하여야 한다. 실제로 법인과 그 구성원인 사원을 분리하여 별개의 인격체로 취급함으로써, 사람들은 더욱 다양하고 활발하게 활동을 할 수 있게 되었다. 그리고 법인, 특히 주식회사에서는 유한책임의 원칙을 채택하고 있으므로, 사원은 원칙적으로 법인의 행위나 채무에 대해서 법인의 재산만으로 책임을 진다. 따라서 법인격은 단체뿐만 아니라 개인에게도 행동의 자유를 실질적으로 보장하는 기능을 갖고 있다. 또한 법인 등기 제도를 통하여 법인이라는 사실을 공시함으로써 외부의 제3자는 그 단체가 법인인지, 누가 얼마나 많은 권리를 갖고 책임을 부담하는지를 쉽게 파악할 수 있다.

민법상 권리능력을 보유하는 존재는 자연인과 법인뿐이다. 인공지능이 자연인이 될 수는 없으므로 기존의 법체계에서 인공지능이 권리능력을 취득할 수 있기 위해서는 입법에 의하여 법인격을 부여받는 것을 생각해 볼 수 있을 것이다.

그런데 자연물에 인격을 부여하는 경우, 혹은 자율주행 자동차 및 인공지능(AI) 등과 같이 인간이 아닌 새로운 존재를 법인과 같은 권리능력을 갖는 주체로 인정하는 문제에서는 법인격 부여에 관한 지금까지의 다양한 이론 및 한계 논의가 별다른 이론적 문제를 가져오지 못할 것으로 보인다. 왜냐하면 법인에 관한 현행 제도의 구성과 그 이론적 근거 및 논의는 어디까지나 자연인의 활동 및 그에 따른 법률효과를 귀속시킬 수 있는 존재를 전제로 한 것이지만, 인공지능 등 새로운 대상에게 법인격을 부여하는 문제에서 그 모습은 현재의 사단법인 및 재단법인과는 정반대의 형태, 즉 배후에 존재하는 자연인과는 별개의 존재로서 사회적 활동체에 대해 그 자연인으로부터 단절된 새로운 독자적 법인격을 부여할 수 있는지의 문제가 쟁점이 되기 때문이다.

우리가 현실에서 경험할 수 있는 것은 법인의 구체적인 활동뿐인 것이다. 이러한 점들을 고려할 때에 현재의 사단(社團)이나 재단(財團)과는 다른 어떤 새로운 존재에 대한 법인격을 부여하는 시도를 할 때, 그 존재는 최소한 법인의 기관체로서 활동하는 자연인과 상응할 만큼의 사회적 활동이 가능한 존재여야 한다. 그뿐만 아니라 자연인과 별도로 법인에게 인격을 부여하는 것은 거래 관계를 처리하기 위한 제도라는 점을 고려할 때 그 존재에게는 최소한 거래 내지 법적 활동에 필요한 경제적 요소가 갖추어져야 한다. 즉 그 존재의 거래에 대해 책임질 수 있는 자체적인 재산이 있어야 한다. 그리고 이처럼 최소한의 두 가지 요건을 갖출 것을 전제로 그 존재를 자연인과 별개의 법적 인격으로 인정할 것인지에 대한 사회적 합의가 이루어져야만 독자적인 인격체로 인정할 여지가 있다고 생각한다.

참고문헌

김재형(2009). 법인격, 그 인정과 부정. ≪민사법학≫, 제44권.
김준호(2017). 『민법강의』. 법문사.
이홍민(2016). 법인의 본질. ≪법과정책≫, 제22집 제3호.

08
대안적 논의들

기술과 산업의 발전은 기존의 정형화된 법체계에서 다루기 어려운 유형의 대상을 등장시킨다. 이러한 대상에 대한 규범을 마련하기 위해 다양한 방식의 제도적 논의들이 이루어지고 있다.

Sui Generis

Sui generis(수이 제너리스)를 우리말로 번역하는 것은 쉽지 않다. 실무적으로도 이를 달리 번역하지 않고 원문 그대로 사용하고 있다. sui generis라는 용어는 라틴어 표현으로 '독특한', '고유한', '특별한' 등의 의미를 갖고 있으며, 법률 분야에서는 기존의 전통적인 법적인 체계에 정확히 들어맞지 않는 특별한 영역에 대하여 규율할 때 사용되고 있다. 즉, '수이 제너리스'는 특정한 규범을 의미하는 것이 아니라 기존의 체계와는 다른 특별한 형태의 법적인 규범 체계를 설명하는 개념어다.

지식재산권 분야에서는 소위 신지식재산이라 불리는 대상들이 법적 보호 대상으로 포섭되면서 '수이 제너리스'가 활용된 바 있다. 미국의 경우 반도체칩보호법(Semiconductor Chip Protection Act of 1984), 선박선체디자인보호법(Vessel Hull Design Protection Act of 1998), 식물품종보호법(Plant Variety Protection Act of 1970) 등이 대표적이고, 현재 데이터베이스 보호 등에 관한 몇 가지 법률의 제정이 추진되고 있다. 유럽에서는 수이 제너리스 체계의 활용이 활발한데, 데이터베이스의 권리, 식물품종보호권, 반도체칩설계보호 등이 대표적으로 수이 제너리스 체계에서 인정되고 있다.

유럽의 예를 구체적으로 살펴본다. 먼저 데이터베이스의 권리는 'EU 데이터베이스 보호 지침(Directive 96/9/EC of the European Parliament and of the Council on the legal protection of databases)'에 근거를 둔 권리인데, 이 규범을 통해 기존의 저작권이나 특허권 등과 다른 데이터베이스의 고유한 특성을 고려한 권리를 규정한 것이다. 이 규범은 유럽연합 내 국가들에 적용되며 데이터베이스를 전체적으로 또는 상당한 부분을 추출하거나 재사용하는 것을 제한하는 내용을 갖고 있으며, 원칙적으로는 데이터베이스 완성 시점부터 15년간 보호를 제공한다. 데이터베이스의 보호가 전통적인 지식재산권 체계에서 쉽게 규범화되기 어렵다는 한계 속에서 데이터베이스 산업의 성장으로 인한 보호의 실질적 필요가 대두됨에 따라 별도의 규범 체계를 마련함으로써 문제를 해결한 것이다. 다음으로 식물품종보호권은 'EU 식물품종권에 관한 이사회 규정[Council Regulation (EC) No 2100/94 of 27 July 1994 on Community plant variety rights]'에 근거를 둔 권리인데, 새롭게 개발된 식물 품종을 보호 대상으로 한다. 이 역시 기존의 저작권법이나 특허법 등에서 규율하기 어려운 식물 품종에 대한 특수성을 별도의 규범 체계로 다루고자 한 것이다. 이 규범을 통하여 유럽연합 내 국가들은 보호된 품종(본질적 파생품종 포함)의 생산, 번식, 판매, 수출입 등에 대한 독점권을 향유한다. 보호 기간은 일반적으로는 25년, 나무와 포도의 경우는 30년으로 정하고 있다. 지리적 표시 역시 같은 체계로 규범화되어 있다. 지리적 표시는 'EU 농산물 및 식품의 품질 제도에 관한 규정[Regulation (EU) No 1151/2012 on quality schemes for agricultural products and foodstuffs]'에 근거를 두고 있으며, 특정 지역과 연관된 농산물 및 식품 등에 대해 지리적 명칭의 사용을 통제하거나 품질 기준을 설정하고 관리할 수 있도록 하는 등의 권리를 부여하고 있다.

우리나라 역시 이와 같은 성격의 법적 규범을 두고 있다. 예를 들어 반도체집적회로의 배치설계에 관한 법률, 식물신품종 보호법, 농산품 품질관리법(지리적 표시 관련 조항), 부정경쟁방지 및 영업비밀보호에 관한 법률, 저작권법으로 통합되기 이전의 컴퓨터프로그램 보호법, 저작권법 내의 데이터베이스 보호 규정 등이 해당된다.

최근에는 지식재산권 영역에서 수이 제너리스 체계의 입법이 활발하게 논의되고 있다. 새롭게 등장하는 보호가 필요한 요소들이 그 특수성으로 인하여 기존의 법체계에서 적절히 규범화되는 데 어려움을 겪기 때문이다.

대표적으로 방송 포맷, 인공지능 창작물에 대한 것들이 있다. 특히 인공지능 창작물의 보호 문제에서 인간 중심의 권리 보호 체계로 이루어져 있는 현행의 지식재산권 법체계는 인간이 아닌 인공지능이 스스로 학습하여 만든 창작물에 대해서는 시장의 요구 수준에 따른 충분한 규범 체계를 제공하기 어렵기 때문이다. 한편, 데이터 규범에 대해서도 기존 지식재산권 체계와의 균형을 위해 활발한 논의가 이루어지고 있다. 데이터 분야는 지식재산권 제도와 공통적인 측면이 존재하는 동시에 반대로 기존의 지식재산권 법체계에서 규율하기 어려운 특성도 갖고 있다. 우리 사회에서 필요로 하는 정도의 데이터 생산을 촉진하는 유인과 사회의 다양한 구성원들이 이 데이터의 활용을 보장받고, 이들 데이터의 보호 역시 실효성 있게 이루어져야 하는데, 기존의 지식재산권 법체계에서는 이에 대한 규범화가 용이하지 않기 때문이다. 앞으로 기술 혁신이 지속적으로 이루어져 새로운 형태의 무언가가 등장하게 될 것인데, 이들 보호 대상이 될 객체들에 대해서는 수이 제너리스적 접근이 더욱 가속화할 수 있을 것으로 전망된다.

전자 인간

2017년 2월 16일 유럽의회는 로봇에 전자 인간(Electronic Person)의 지위를 부여하는 결의안을 채택한다. '로봇법에 관한 유럽의회 결의안[European Parliament resolution of 16 February 2017 with recommendations to the Commission on Civil Law Rules on Robotics (2015/2103(INL))]'의 명칭을 갖는 이 결의안은 전자 인간 개념의 도입을 제안하였다는 데 전 세계의 큰 관심을 받았다. 전자 인간이라는 용어가 주는 충격적인 이미지와 달리 이 결의안은 새로운 인격으로서 로봇을 인정하는 것이 주된 내용은 아니며, 로봇의 행위로 인한 피해 발생 시 그에 따른 책임을 어떻게 나눌 것인가에 대한 것이 핵심이었다.

지금의 법적인 틀에서 로봇이 누군가에게 손해를 입히는 행위를 하거나 부작위로 인한 손해를 입힐 경우 그에 대하여 로봇에게 책임을 부여할 수는 없다. 기존 법체계상 책임에 관한 규정은 로봇의 행위 또는 부작위가 특정한 사람(제조자, 운영자, 소유자 등)의 행위 또는 부작위로 귀속될 수 있는 경우에 그러한 사람에게 로봇의 행위에 대한 책임을 직접적으로 부담하게 할 수 있도록 되어 있다. 제조물 책임에 관한 규범상으로는 제품의 생산

자가 제품의 결함에 대한 책임을 지게 되어 있다. 그런데 로봇이 자율적인 결정을 내릴 수 있다는 전제에서, 즉 로봇이 거래 상대방의 선택, 계약 조건의 협상, 계약 체결, 계약의 이행 방법 결정을 할 수 있도록 설계된 경우를 전제할 때 기존의 법률로는 로봇으로 인하여 발생한 제3자에 대한 손해에 대해 법적인 책임을 부여하기 충분하지 않을 뿐 아니라 배상 책임이 있는 당사자를 특정하는 것 역시 어렵다는 문제가 지적되었다. 한편, 비계약 책임(non-contractual liability)에 관한 기존의 유럽 지침(Directive 85/374/EEC)은 로봇의 제조에 의해서 발생된 손해에만 적용할 수 있고, 이로 인해 손해를 입은 사람이 사실상의 손해를 입증해야 하며, 손해와 결함 사이의 인과관계도 입증해야 하므로 직접 책임 또는 무과실 책임의 법적 틀이 약하다.

최근 급격한 기술적 발전을 보이고 있는 인공지능을 기반으로 한 로봇 기술은 자체적인 경험을 통해 자율적으로 학습하고, 그 학습을 바탕으로 정형화되지 않은 예측 불가능한 방법으로 로봇을 작용시키므로, 로봇으로 인한 손해 발생에 기존의 법률을 적용하여 효과적인 책임을 가리는 데 분명한 한계가 있는 것이다. 이러한 한계로 인한 문제를 해결하기 위해 기술 발전에 따른 법률 문제를 포섭하고 시장에서 이용될 수 있는 새로운 해결 방안을 고민해 보고자 한 것이 이 결의안의 채택 배경이다.

결의안의 여러 내용 가운데 로봇의 민사 책임에 관하여 본다. 로봇 기술은 예견 가능성(predictability)과 직접성(directability)이라는 두 가지 핵심 요소가 상호 의존적 관계에 있다. 이로 인해 인간과 로봇 사이에 공유되어야만 하는 정보가 무엇인지를 결정하는 것은 중요한 일이며, 유럽연합은 'EU 기능에 관한 조약(TFEU, Treaty on the Functioning of the EU)' 제114조를 기초로 향후 10년에서 15년간 로봇의 이용 및 개발 관련 예견되는 법적 문제들을 제출할 것을 요청하고 있다. 법적 솔루션이 무엇이건 간에 로봇에 의해 발생한 재산상의 손해에 대하여 민사적 책임을 적용하는 것을 고려한다. 결의안은 일단 발생한 손해에 대한 최종적 책임을 부담하는 대상이 결정된 후 로봇에게 부여된 사실상의 지시 수준(level of instructions)과 자율성 정도를 고려한 책임의 비율을 정하고 그 비율만큼 로봇이 책임을 부담하도록 정한다. 따라서 학습 능력이 더욱 높거나 혹은 더욱 오랜 기간 훈련 및 학습된 로봇의 경우 상대적으로 더 많은 책임이 부여된다. 아울러 로봇에 부여된 훈련의 결과에서 오는 숙련도(skills)와 로봇의 스스로 학습하는 능력에서 오는 숙련도는 서로 구분되어야 한다고 권고한다.

이에 대해 비판의 견해도 존재한다. 그 이유로는 로봇은 비(非)생물체 내의 디지털 프로세서일 뿐이며 신체적 · 감정적 아픔을 경험할 수 있는 생물체가 아니므로 인간의 권리 또는 동물의 권리조차도 가질 수 없다는 점, 로봇에 (전자) 인간의 지위를 부여하는 것은 로봇을 설계하고 이를 운용하는 사람의 책임을 면제함으로써 심각한 윤리적 위험을 초래할 수 있다는 점 등을 들고 있다. 이러한 이유에서 로봇 자체의 책임을 인정하기보다는 이를 프로그래밍하고 운용하는 사람의 책임으로 남겨 놓아야 하며, 인간 또는 다른 생명을 해치는 행위를 가능하도록 하는 무책임한 프로그래밍이나 운용을 방지하기 위한 윤리적 안전장치가 필수라는 점이 지적된다. 한편, 로봇 자체가 아니라 그것에 관련된 인간에 책임이 부여되는 것도 문제가 있다고 한다. 로봇은 원(原)개발자에 의한 사전 구성(pre-configured)으로 시작되어, 후속 프로그래머 및 최종 이용자에 의한 맞춤식 프로그래밍이 추가로 이루어지는 복수의 단계를 거치므로, 로봇이 행한 행위에 대하여는 원개발자, 프로그래머 및 운용자 간 법적 책임을 구분해야 한다는 지적이다.

참고문헌

김시열(2017). 인공지능 등 비자연인의 특허권 주체 인정을 위한 인격 부여 가능성에 관한 연구. ≪법학논총≫, 제39집.

이헌희(2017). 「기술 및 환경변화에 따른 지식재산 제도 개선 방안」. 한국지식재산연구원.

09
인공지능 지적 소유 체계화의 한계

인간을 중심으로 한 현행의 법체계는
인공지능을 권리의 주체로 인정하는 데 여러
한계를 지니고 있다. 단순히 개별법 차원의
한계뿐만 아니라 헌법적 한계, 지식재산권
제도의 존재 목적상 한계, 그리고 계속 변화하는
기술이라는 점에 특정 시점의 한계 등이
고려되어야 한다.

헌법상의 한계

특허권, 저작권 등의 소위 '정신적 재산권'은 인간의 정신적인 활동에 고유한 가치를 부여한 권리로서, 헌법 제22조 제2항(저작자 · 발명가 · 과학기술자와 예술가의 권리를 법률로써 보호한다)에 의하여 기본권과 같은 지위에서 보장되고 있다. 이와 같은 정신적 재산권의 보장 주체, 즉 기본권의 주체는 기본권 능력이라 할 수 있는 공권인 기본권을 보유하고 행사할 수 있는 능력의 소지자를 의미하는데, 헌법은 자연인과 법인을 포함하는 국민을 기본권의 주체로 한정하고 있다. 이러한 헌법적 전제에서 인공지능 등과 같은 인간이 아닌 대상을 재산권의 주체로 인정할 수 있을까?

먼저 인공지능이 국민으로서 기본권 향유 주체에 포함될 수 있을지 생각해 본다. 헌법상 국민이란 국가의 구성원으로서 계속적 지위를 가진 자를 의미한다. 그리고 형식적으로는 헌법 제2조에 의한 대한민국 국적을 가진 자를 의미한다. 국적법에서도 우리나라 국민의 요건을 구체적으로 규정하고 있는데, 출생, 인지 및 귀화 중 하나에 의하여 가능한 것으로 하고 있다. 이때 태아나 죽은 사람은 원칙적으로 기본권을 향유할 수 있는 주체가 될 수 없으며, 미성년자의 경우 기본권의 향유 주체이기는 하나 권리 행사에 일정한 제한이 주어진다. 이러한 점을 보면 현행법상 자연인이 아닌 대상, 즉 인공지능은 국민에 해당할 수 없다.

다음은 법인의 경우와 같이 국민이 아닌 대상을 헌법상 기본권 향유 주체로 포함할 수 있을지 생각해 본다. 사실 인공지능에 대한 권리 귀속이 논의되는 과정에서 법인과 같이 법률에 의한 인격을 부여하는 방식에 대한 논의가 많이 이루어지기도 하였다. 이에 대해서는 규범적 당위(sollen)와 존재적 사실(sein)의 복합체이자 사회현실로서의 사실관계가 계속적으로 헌법 규범에 영향을 미치는 특성 등, 그리고 헌법 내재적 한계 등을 고려할 때 인공지능 등을 기본권 주체로 확장하는 접근이 표면상으로는 일견 불가능할 것만으로는 보이지 않으나, 그렇다고 가능하다고 판단하기는 아직 이른 시점이라 생각한다. 왜냐하면 이들 논의가 기존의 기본권 향유 주체에 대한 논의와는 전혀 결이 다른 문제라고 보이기 때문이다. 앞으로 지속적인 담론이 필요하다고 생각한다.

마지막으로 재산권 보장에 관한 헌법상 근거가 없는 재산권 부여의 가능성에 대해 본다. 재산권 보장의 헌법적 근거에 기초하지 않더라도 입법적 수단을 통하여 특정한 재산권 향유 주체를 인정하는 것이 무리하다고 볼 수는 없다. 따라서 입법적 방법을 통하여 인공지능 등을 재산권 주체로 인정할 수도 있다고 생각할 수 있다. 그러나 이 문제는 기존의 헌법뿐만 아니라 모든 법률상의 권리 문제에서 자연인을 대상으로 하거나 최소한 자연인이 배후에 있다는 점을 전제로 한다는 것을 고려하여야 한다. 물론 인격을 인위적 인격 등으로 정의하고 자연인, 즉 인간 이외에도 광범위하게 인격을 부여할 수 있다고 보는 견해를 취하는 입장에서는 인공지능 등 역시 법인, 국가 등과 유사한 구조로 권리의 주체가 될 수 있다고 생각할 수 있을 것이다.

법의 목적과 한계

여러 지식재산권에 관한 법률 가운데 특허법을 중심으로 생각해 본다. 특허법의 목적은 발명을 보호 · 장려하여 이용을 도모함으로써 산업 발전에 기여하는 것으로, 이때 보호 및 장려의 대상은 발명이고, 그 수단은 권리 부여라고 할 수 있다. 특허 제도는 산업 발전에 기여하는 발명을 창출하기 위하여 발명자에게 배타적 권리라는 인센티브를 부여하는 것이다. 인공지능이 권리의 주체가 된다면 권리에는 의무도 수반되는바, 의무를 이행하지 않거나 타인의 또는 타 인공지능의 권리를 침해하는 경우 분쟁이 발생하고 분쟁 협상을 인공지능이 적절히 수행할 수 있는가 하는 문제가 발생한다. 또 특허법상 발명의 정의에 인간의 발명이라는 명시 규정이 없다고 하여 인공지능의 창작물을 발명으로 볼 수 있는 것으로 해석의 의미를 확장할 수 있다고 보는 것은 무리라는 지적이 따를 수 있다.

저작권법은 법인의 창작을 인정하는데, 특허법은 발명자라는 사람을 전제로 하고 있고 저작권법보다 더 강력하게 사람의 창작을 보호하고 있다. 특허법은 자연인에게 창작을 인정함으로써 산업 발전에 이바지한다는 것인데, 인공지능의 발명이 폭발적으로 늘어날 상황에서 이에 대해 독점권을 부여하는 것이 과연 산업 발전에 기여하는 것으로 볼 수 있는가 하는 의문이 있다. 한편, 독점권의 부여라는 특허 제도의 구조가 인공지능 산업에도 동일하게 적용되는 것이 옳을지 아니면 부정경쟁방지법의 경우와 같이 일정한 행위를 규제함으로써 인공지능 산업의 발전을 도모하는 것이 옳을지에 대해서도 논의가 필요할 것이다.

기술의 진화와 시점의 특정

권리의 주체를 얘기할 때 당연한 전제가 있다. 그 존재

여부와 그 수준에 대한 명확하고 이론(異論)의 여지가 없는 사회적 합의가 존재하여야 한다는 점이다. 인공지능이 만들어 낸 결과물이 인간의 그것에 준할 정도로, 혹은 그보다 더 나은 수준을 보인다는 점에서 인공지능의 지적 창작물에 대한 귀속 문제가 논의되기 시작하였다. 벌써 이 논의는 5년 이상 진행된 것이기도 하다. 한번 생각해 볼 점은 이 논의가 시작될 당시의 인공지능 기술 역시 당시로선 사회적 충격을 줄 만한 수준이었음이 분명했지만, 지금의 시기에서 해당 기술을 보면 우리가 사용하기 어려울 정도로 낮은 수준이었음을 알 수 있다. 2022년 11월 전 세계를 충격에 빠뜨린 오픈AI사의 챗지피티(GPT-3.5 기반)가 지피티포(GPT-4)가 상용화된 지금은 유료로 거의 사용되지 않을 정도라는 점을 생각해 보면 이해할 수 있을 것이다. 물론 이 지피티포 기반의 모델 역시 부족함이 언급되면서 계속적인 기술 발전이 요구되며, 여러 상당한 수준의 혹은 더 낫다고 평가되기도 하는 모델과 치열하게 경쟁하고 있는 상황이다. 이처럼 기술은 계속 발전하며, 발전의 속도는 점차 빨라진다.

인공지능 기술은 이미 1943년에 개발되기 시작하여 지금에 이르고 있다. 기술의 어느 시점에서는 항상 당시로선 기존에 존재하지 않던 첨단의 기술 수준이었을 것이다. 우리가 인공지능이 스스로 만들어 낸 지적인 결과물을 인공지능 자신이 소유할 수 있도록 하는 문제를 고민하기 시작한 계기 역시 당시 인간의 창작 결과를 뛰어넘을 수 있는 인공지능의 결과물이 등장하기 시작하였다는 데 있었다. 이렇게 시작한 논의에서 우리는 중요한 두 가지를 생각해 보아야 한다. '인공지능에게 무언가를 소유할 수 있도록 해야 하는 이유는 무엇인가' 그리고 '인공지능 기술이 어느 수준에 이르렀을 때 소유의 관점에서 비로소 인간과 비슷한 지위를 부여할 수 있을 것인가'에 대한 생각이다. 그런데 후자에 대해서는 논의가 잘 발견되지 않는다. 결과물의 수준을 기준으로 가치를 인정할 경우, 만약 지금의 기술 시점을 기준으로 인공지능을 인간과 같이 재산권을 향유하는 주체로 인정하여 권리를 부여하였다면, 몇 년 후의 기술 수준에서 지금 권리를 부여한 인공지능에 대해서는 적절하지 않은 권리 부여 행위로 보게 될 것이다. 오히려 이후의 권리 관계에서 지금의 권리 부여가 오히려 장애로 작용하는 현상이 초래될 수 있을 것이다. 우리 법체계가 인간에게 권리능력을 부여하는 것의 기저에는 출생한 인간은 사망할 때까지 인간으로서 동일하게 존재한다는 점이 고려된 것이다. 즉, 인간으로서의 가치는 변하지 않는다. 그러나 인공지능은 인공지능으로서의 가치가 권리 인정의 요건이 아닌 것은 명확하고 그것의 결과물이 시장에서 가치를 갖기 때문에, 혹은 인간이 통제할 수 없는 인공지능의 행위로 인한 책임의 제한 문제가 발생하기 때문에 권리 인정을 고민하는 이유가 되는 것이다. 그러나 인공지능이 만들어 낸 결과물의 수준은 끝없이 변화할 것이고, 인간과 같은 법적 지위를 인정하기 위한 절대적인 수준을 우리 인간들이 설정할 수 있을 것인지 의문이 든다. 인공지능은 인간과 같이 인격에 기초한 완성체가 아니고 현재 발전하고 있는 기술이기 때문이다. 따라서 기술의 발전과 가치 변화에도 불변할 절대적인 기준을 설정할 수 없다면 끊임없이 변화하는 인공지능의 가치 · 기술 스펙트럼에서 민법이 권리의 주체인 인간을 특정하는 정도와 같이 인공지능을 명확히 특정한다는 것이 가능할 것인가. 기술이 무한대로 진화하는 가운데 어떠한 한 시점부터 권리능력을 부여할 수 있다는 가정은 그 시점을 특정하는 데 존재하는 현실적 한계로부터 무한한 기술 발전의 흐름 속에서 특정의 시점별로 부여되는 의미 또는 수준의 해석 역시 상대적이어서 변화될 수밖에 없다는 한계를 갖는다.

참고문헌

강경근(2004). 『헌법』. 신판. 법문사.

김시열(2017). 인공지능 등 비자연인의 특허권 주체 인정을 위한 인격 부여 가능성에 관한 연구. ≪법학논총≫, 제39집.

김철수(1997). 『헌법학개론』. 제9전정신판. 박영사.

오세혁(2013). 『법의 한계: 법철학 및 사회철학 입문』. 세창출판사.

10
앞으로의 대응

인공지능이 생성한 창작물에 대한 지식재산권 귀속 논의는 우리 인간이 갖는 소유권의 본질을 다시 생각해 보게 한다. 인간의 생존과 존재적 가치에 기반한 소유권이라는 권리가 인공지능을 대상으로 어떻게 적용되어야 할 것인가 하는 문제의 해결을 위해서는 현재의 법적 한계를 고려하되 사회적 담론과 제도적 상상력을 통해 깊이 있는 고민이 필요하다.

왜 소유하는가

인공지능이 생성한 창작적 결과물에 대한 권리 귀속 논의의 가장 핵심 전제 중 하나는 인공지능이 창출하는 결과물의 기능적 · 질적 수준이 인간에 의한 창작의 경우에 비해 더욱 우수하거나 최소한 동등한 수준에 이른다는 점이다. 물론 그 생성 과정 역시 창의적 사고에 따른 것으로 보이기도 한다. 이에 단순히 인간에 의한 것이 아니라는 점 때문에 우수한 창작물을 누구나 대가 없이 마음대로 사용할 수 있도록 하는 것은 시장의 발전에 부정적 영향을 가져오는 것이 아닐까 하는 생각이 든다. 인공지능으로 인하여 우리 인류는 지난 몇천 년간 생각해 보지 않았던 고민을 하게 되었다. 우리가 왜 소유하는가에 대한 질문이다.

고대 및 중세 시대에서의 소유권 논의는 인간과 신의 관계가 고려되었다는 점에서 별론으로 하더라도, 로크 이후 근대 재산권 논의에서 인간이 무언가를 갖는다는 것의 근원적 이유는 바로 생존 때문이었다는 것을 생각해 볼 필요가 있다. 즉, 인간이 생존에 필요한 무언가를 확보할 수 있어야 하는 데서 소유의 기원을 찾는 것이다. 물론 작금의 시대에서 생존이라는 것이 갖는 의미는 상당히 넓은 범위를 가지고 있으며, 인간의 창작물에 일정한 권리를 부여함으로써 경제적 가치를 획득할 수 있게 하는 지식재산권 제도 역시 넓게 생각하면 인간의 생존과 연결되어 있음을 부정할 수는 없어 보인다. 따라서 인간이 지식재산권과 같은 재산적 가치를 소유한다는 것은 기본적으로 인간의 존재 자체에 중요한 가치를 부여한 것임을 알 수 있다.

최근 인공지능을 지식재산권의 귀속 주체로 다루고자 하는 논의의 기반은 인공지능이 생성한 결과물이 갖는 기능적 · 질적 우수성을 근거로 하기도 하는데, 이러한 논의에 의하면 인간이 무언가를 소유한다는 것이 인간이 만들어 낸 결과물의 기능적 · 질적 우수성 때문은 아닌가 하는 반문을 하게 되기도 한다. 본래 소유권이라는 권리가 인간에게 그 존재적 중요성을 위해 인정되는 것이라고 볼 때, 이와 같은 기능상의 이유는 그리 적절한 근거가 될 수 없다. 자연물의 권리 논의가 인공지능의 권리 귀속 문제와 유사한 모습을 보이면서도 상이한 지점이 바로 여기에 있다. 인공지능이 생성한 결과물의 지식재산권 귀속에 대한 초창기 논의와 비교할 때 요즘의 논의들에서는 기능적 근거에 기반한 접근이 줄어들었다는 점은 의미가 있다.

고립적 대응의 경계

우리나라를 비롯하여 전 세계의 지식재산권 법체계하에서 생성한 결과물에 대해 인공지능이 인간과 같은 재산권의 주체로 인정받는 것은 현실적으로 거의 불가능해 보인다. 인공지능이 인간의 사고 과정과 유사한 메커니즘을 통하여 실질적인 창작을 할 수 있고, 그 결과물의 질적 수준이 상당하다고 하더라도 지금의 법체계에서 인공지능이 인간과 같은 인격을 부여받기는 매우 어려운 상황이다. 즉, 인공지능이 자신의 창작 결과에 대해 지식재산권을 직접 갖는다는 것이 거의 불가능하다. 물론 현실적 필요성을 바탕으로 개별 법률의 혁신적 개정을 통하여 부분적으로는 그러한 문제를 해결할 수도 있겠지만, 그 법이 섬[島]과 같이 고립될 것을 의도하는 것이 아니라면, 그러한 방법은 오히려 현실적이라 할 수는 없을 것 같다. 지식재산권에 관한 사항이 일반적인 유체물의 소유 체계와 달리 다소 특수한 점이 있다고 하더라도 그 근본적인 전제는 크게 다르지 않다. 따라서 지식재산권의 특수성 역시 고립적 법 개정의 이유가 될 수는 없을 것이다.

다만, 이 문제의 해결이 쉽지 않은 이유 가운데 하나는 아직 기술적 상상 이외에 구체적인 모습, 특히 문제가 발생하는 현상이 직접 존재하지 않는다는 것 때문이다. 사실 우리가 막연하게 인공지능이 인간보다 우수한 또는 동등한 수준의 창작물을 만들 것이라 전제하고 논의를 전개하고는 있지만, 그것이 쉽게 정리되는 현실은 아니기 때문이다. 생각해 보면 인공지능의 소유 문제를 논의할 때 우리는 '만약'이라는 말을 많이 사용하기 시작하였다. 인공지능에 대한 우리 인류의 만남, 특히 대중적 만남 이후 새롭게 도래할 인공지능과의 공존과 기존의 지식재산권 시스템의 정비를 위해 굉장히 빠르게 논의들을 진행해 간 면이 있다. 사실 이에 관하여 우리가 다루고 있는 논의들은 몇천 년간 형성되어 온 법체계의 근본을 고민해 보아야 하는 것이라는 점에 깊이 있는 고민과 담론 형성이 요구되는 것들이기도 하다. 오랜 시간이 소요되더라도 우리 법체계를 구성하는 주체인 사회 공동체의 지속적인 담론과 기술 및 사회 상황의 진행을 깊이 검토하고, 우리의 제도적 상상력을 극대화하여 사회적 답변을 도출해 가는 것이 우리에게 주어진 적절한 방법이 아닐까 생각한다.

김시열

전주대학교 로컬벤처학부 교수다. 상문고등학교와 숭실대학교 법학과를 거쳐 동 대학원에서 법학박사(2012) 학위를 받았으며, 주로 지식재산권법(저작권법, 특허법, 상표법, 영업비밀, 부경법 등)과 과학기술법, 문화예술법 등에 관한 연구를 수행해 오고 있다. 최근에는 데이터, 인공지능, 기술 사업화 및 로컬 창업 등과 연계한 문제들에 관심을 두고 있다. 한국저작권위원회와 한국지식재산연구원을 거쳐 현재 전주대학교 로컬벤처학부에서 학부장으로 재직 중이다. 국가지식재산위원회 4기 전문위원, 변리사시험 채점위원, 소프트웨어평가위원회 위원, 지식재산네트워크(IPMS) 학술분과장 등을 역임하였다. 특히 저작권과 소프트웨어 분야의 소송 감정에 전문성을 갖고 있으며 오랜 기간 소송 감정에 실무적으로 참여해 많은 사건의 감정을 수행했다. 학술 분야에서는 (사)한국소프트웨어감정평가학회 부회장, (사)한국저작권법학회 이사 등의 직책을 수행 중이다. 저서로는 『저작권법』(2024, 공저), 『Intellectual Property-Global Perspective Advances and Challenges』(2023, 공저), 『음악저작권 침해 분쟁의 구조와 대응의 논리』(2022, 공저), 『저작권 소송과 소프트웨어 포렌식』(2021, 공저), 『컴퓨터프로그램 저작권 유사도론』(2018), 『저작권 교양강의』(2017) 등이 있으며, "인공지능 활용 창작으로 인한 저작권 소송상 여과 과정의 재검토"(2024), "방송에서의 저작물 이용 여부에 대한 의사결정 모델 연구"(2023), "인공지능 활용에 따른 특허법상 통상의 기술자 기술수준에 관한 연구"(2023), "데이터베이스의 저작권 침해 판단 방법론 개선에 대한 시론적 검토"(2023), "저작권 침해 판단을 위한 유사도 산출 시 임계치 활용에 관한 비판적 검토"(2023), "일본의 한정제공데이터 보호 규정 재논의와 데이터에 관한 우리 부정경쟁방지법의 개정 방안"(2023), "특허법 제41조 개정에 관한 소고"(2022), "일본의 특허출원 비공개 제도 도입에 관한 연구"(2022) 등 40여 편의 논문을 발표하였다.